寻踪美洲豹

JAGUAR UN TÓTEM DE MESOAMÉRICA

墨西哥古代文明

成都博物馆
墨西哥国家人类学与历史研究所
北京坤远文博展览有限公司
编著

岳麓書社 · 长沙

指导单位　四川省文化和旅游厅（四川省文物局）
成都市文化广电旅游局

展览主办　成都博物馆
墨西哥国家人类学与历史研究所
北京坤远文博展览有限公司

展览支持　中国文物学会
中华文物交流协会
墨西哥合众国驻华大使馆

参展单位　墨西哥国立人类学博物馆
墨西哥大神庙博物馆
墨西哥国家文化博物馆
墨西哥特奥蒂瓦坎考古区博物馆
墨西哥恰帕斯地区博物馆
墨西哥卡洛斯·裴里瑟·卡玛拉人类学博物馆
墨西哥哈拉帕人类学博物馆
墨西哥斯伯拉特林博物馆
墨西哥安帕罗博物馆

特别鸣谢　中华人民共和国驻墨西哥合众国大使馆
中华人民共和国成都海关
成都市人民政府外事办公室

目 录 Catáloga

致辞一

作为墨西哥驻华大使，我非常荣幸地为大家介绍“寻踪美洲豹：墨西哥古代文明”的相关作品。本展览由150余件（组）来自墨西哥前西班牙文明时期的作品组成，即从奥尔梅克到阿兹特克文明。对于中国人来说，毫无疑问，大家都听说过阿兹特克或玛雅文明，但其实这些伟大的文明在墨西哥历史上出现得相对较晚，因为此前更古老的文明已经在墨西哥领土上定居和繁衍了数千年。

奥尔梅克文明出现在公元前2500年左右，即4500年前，它为我们记载了最原始的先进文明。早在公元前1600年左右，墨西哥湾低洼地区的繁荣就已达到了鼎盛时期，这要比阿兹特克人早了3000年！奥尔梅克文明是中美洲的第一个文明，被称为墨西哥中南部地区文明之母，如米斯特克、托尔特克、萨波特克或特奥蒂瓦坎以及玛雅文明等都深受其影响。

因此，墨西哥和中国一样，素有多元千年文明古国之称。墨西哥这个文明的摇篮，几千年来在医学、天文学、数学、农耕技术、诗歌和哲学领域孕育并发展了重要的文明。此外，古墨西哥人在艺术和生活审美方面也为我们留下了宝贵遗产，我们才能在千年之后的今天仍然欣赏到这些古迹，近距离地接触远古墨西哥。

“寻踪美洲豹：墨西哥古代文明”由墨西哥国家人类学与历史研究所（INAH）和中国公司——北京坤远文博展览有限公司合作举办，并将陆续在墨西哥和中国的多家博物馆亮相。

值得一提的是，多数参展作品都是史上首次在墨西哥境外展出。其中，包括陶瓷、玉器和大型石雕，展现了古代墨西哥文明的文化多样性和特点。

本次展览恰逢中墨建立全面战略伙伴关系10周年之际，标志着墨西哥对伙伴关系所做出的增进相互了解和尊重双方文明的承诺。

我深切希望这次展览能进一步加强两国人民间的友谊，让中国人民近距离接触和了解到墨西哥繁荣发展历程中鲜为人知的灿烂的古老文明。请大家欣赏！

施雅德

墨西哥驻华大使

Discurso

Como Embajador de México en China, es para mí un gran honor presentar este catálogo de obras de la exposición *Jaguar, un tótem de Mesoamérica*, que consiste en 154 piezas prehispánicas de México, desde la ancestral civilización Olmeca hasta la Azteca. Sin duda el pueblo chino ha escuchado hablar de los aztecas o de los mayas; pero estas grandes civilizaciones son relativamente recientes en nuestra historia, ya que hay civilizaciones de mucha mayor antigüedad que se establecieron y orecieron en el territorio mexicano por milenios.

La civilización de los olmecas, nos ofrece sus primeros registros de civilización avanzada hacia el 2,500 A.C., hace 4.5 milenios, y alcanza su orecimiento en nuestras zonas bajas sobre el Golfo de México hacia el año 1,600 A.C., ¡a tres mil años antes que los Aztecas! Ellos son considerados la primera civilización de Mesoamérica y se le ha nombrado la cultura madre del rico mosaico de civilizaciones que los siguen en distintas regiones del actual México Central y Meridional, como son los Mixtecos, Toltecas, Zapotecos o Teotihuacanos, Mayas, entre otros.

Así, México, como China, es una civilización multi-milenaria, un criadero de civilizaciones por milenos que desarrollaron importantes conocimientos en los campos de la medicina, astronomía, matemáticas, técnicas de cultivo, poesía y filosofía. Además, nos dejaron un gran legado en artes y en apreciación estética de la vida que justamente podemos admirar hoy, a milenios de distancia, y acercarnos un poco más al México antiguo.

La exposición *Jaguar, un tótem de Mesoamérica* es una colaboración entre el Instituto Nacional de Antropología e Historia de México (INAH) y la empresa china KYUN Exhibition LTD para lograr que esta magní ca exposición se lleve a cabo en varios museos tanto de México como de China.

Vale la pena señalar que la mayoría de las piezas se exhiben fuera de México por primera vez en su historia. Estas incluyen cerámica, objetos de jade, y grandes esculturas de piedra que presentan la gran variedad cultural y de idiosincrasia de las antiguas civilizaciones mexicanas.

Además, esta exposición coincide con los 10 años de la celebración de la Asociación Estratégica Integral México-China y significa el compromiso de México, asumido en esta asociación con China, de incrementar el conocimiento y el respeto por nuestras civilizaciones.

Deseo profundamente que esta exposición fortalezca la amistad del pueblo mexicano con el pueblo chino y acerque al pueblo chino al conocimiento de estas otras grandes civilizaciones milenarias que florecieron en México. ¡Que la disfruten!

Jesús Seade
Embajador de México en la República Popular China

致辞二

中国和墨西哥是两个伟大的文明古国，在历史长河中，它们各自经历了与不同文明的相遇、交流和互动。在本展览中，我们通过美洲豹的形象——这种在古墨西哥象征艺术中占据重要地位的强大猛兽，与中国浩瀚的文明建立联系，因为中华文明同样有着对于巨型猫科动物（无论是真实的，还是虚构的）的崇拜和敬畏。

从古至今，在这片土地滋养出的文化中，美洲豹一直与神圣的世界紧密相连。它象征着夜晚、滋养大地的水以及玉米——这种农作物不仅是我们生活的支柱，也是令人叹为观止的“米尔帕（milpa）”农业系统的核心。此外，美洲豹位于食物链金字塔的顶端，是山脉和丛林的主宰，因此被视为权力的象征。美洲豹被赋予了无与伦比的力量，一些奥尔梅克神话讲述了人类和美洲豹的结合繁衍出的强大家族的故事。

美洲豹在中美洲文化体系中无处不在，在石头、木头、陶器、纺织品和壁画等各种材料中有着多种多样的表现形式，构成了一个历经千年、丰富而惊人的视觉叙事体系。美洲豹身上的每一个特征都展示了它的力量、坚韧和难以捉摸的神秘状态，以及它与过去和现在的墨西哥原住民之间的强大联系。它的爪子、獠牙、强大的下颚和斑点皮肤，在不同的背景下象征着等级、统治、血统或萨满巫术的力量，以及某些个体的其他可能属性。

对于奥尔梅克人来说，它是原始神；对于特奥蒂瓦坎人来说，它是水生的美洲豹；对于玛雅人来说，它是夜晚的太阳；对于纳瓦人来说，它是玉米的守护者；对于墨西哥战士，它是战斗秩序的象征。在对它的想象中，自然与文化、生与死的界限变得模糊，这样两极就在完全可感知的精神层面上得以融合。

基于这些深厚的文化内涵，墨西哥人民通过墨西哥国家人类学与历史研究所——一所具有 84 年悠久历史的墨西哥政府机构，与中国人民分享了一场精选 150 余件（组）考古和民族学藏品的展览，揭示了山林间最大神灵——也是冥界的入口、动物的大领主、水和种子的主人的主要特征。这些物品来自墨西哥国立人类学博物馆、大神庙博物馆、墨西哥国家文化博物馆、特奥蒂瓦坎考古区博物馆、恰帕斯地区博物馆、斯伯拉特林博物馆、卡洛斯·裴里瑟·卡玛拉人类学博物馆、哈拉帕人类学博物馆和安帕罗博物馆馆藏。

展览从文化人类学视角出发，对古代墨西哥人生活的地理环境（水创造的文明）、生产生活方式（玉米的故乡）、精神信仰（美洲豹的崇拜）进行了阐释，其中又以美洲豹作为一条主线，展示了美洲豹在墨西哥古代社会生活中所具有的极其重要的作用。

我们现在非常荣幸地推出“寻踪美洲豹：墨西哥古代文明”，由墨西哥团队与中方团队联合策展，由北京坤远文博展览有限公司承办。该展览首站是湖南博物院，展期为2023年7月1日至10月8日。此后，将在辽宁省博物馆、成都博物馆展出。

在庆祝两国建交50周年的背景下，我们非常荣幸能与中国人民分享美洲豹在我们文化观念中的核心地位以及在我们社会中所占据的神圣地位。无论是在过去还是现在，这种深刻的理解都通过墨西哥原住民的各种艺术表现形式得到了生动的表达。

迭戈·普列托·赫尔南德斯

墨西哥国家人类学与历史研究所所长

Discurso

Dos grandes y milenarios impulsos civilizatorios originales, los de China y de México, han tenido experiencias diversas de encuentro, intercambio e interacción a lo largo de la historia. En esta ocasión, hemos querido convocar, desde México hasta China, a la gura del jaguar, el gran predador mesoamericano, y su presencia en el simbolismo y el arte del México antiguo, como el motivo que nos vuelve a encontrar con el inmenso universo cultural chino, que encuentra también en sus grandes felinos, reales e imaginarios, motivos de admiración y reverencia.

Desde sus inicios, en las culturas de nuestro territorio el jaguar ha estado ligado al mundo de lo sagrado, pues se le asocia simbólicamente con la noche, con el agua que nutre a la tierra y con el maíz, cereal que es la base de nuestro sustento y eje del portentoso sistema agroalimentario mesoamericano conocido como'milpa'.Además, el jaguar está en la cúspide de la pirámide alimenticia, siendo el señor de las montañas y selvas, por lo que se le representa como emblema de poder. A tal punto se le atribuye al jaguar fuerza vital que en algunos mitos olmecas se habla de poderosos linajes resultado de la cruza entre humanos y jaguares.

Y es esa omnipresencia del jaguar en el imaginario de las grandes culturas mesoamericanas, la que está en el origen de múltiples y variadas representaciones del mismo en piedra, madera, cerámica, textiles y pintura mural, entre otros materiales, encarnando un rico y asombroso discurso visual datado en milenios. Cada uno de sus rasgos expresa su poder, su fortaleza y su condición huidiza y enigmática, y sus poderosos vínculos con los pueblos indígenas de ayer y hoy. Las garras, los colmillos, la potente quijada y su piel moteada simbolizan, dependiendo del contexto, tanto jerarquía como dominación, linaje o poderes chamánicos, así como otros posibles atributos de ciertas personas.

Dios primigenio para los olmecas, jaguar acuático para los teotihuacanos, sol nocturno para los mayas, guardián del maíz para los nahuas, emblema de órdenes guerreras mexicas; en su imaginario se difumina la separación entre naturaleza y cultura, entre vida y muerte, de modo que ambos polos se reintegran en planos espirituales absolutamente tangibles.

Y es desde esos planos que el pueblo de México, a través del Instituto Nacional de Antropología e Historia, añeja institución del Gobierno de México con 84 años de existencia, comparte con el pueblo chino en esta ocasión, una selecta muestra de 154 objetos arqueológicos y etnográficos, que desvelan las características principales de la mayor divinidad del monte, portal del inframundo, Gran Señor de los animales y poseedor de las aguas y las semillas; mismos que provienen de los acervos de los museos Nacional de Antropología, del Templo Mayor, Regional de Chiapas, Nacional de las Culturas del Mundo de Antropología Carlos Pellicer Cámara, de Antropología de Xalapa, y Amparo, así Teotihuacan.

Los curadores nos proponen para esta exposición, tres ejes

temáticos, a través de los cuales se puede apreciar la diversidad cultural de México alrededor de la gura del jaguar, y la importancia de su vínculo con el monte y la siembra, como elementos centrales de la vida humana: El jaguar y el agua; El jaguar y el maíz, y El jaguar y el cuerpo.

Gustosamente presentamos ahora el Catálogo de la exposición *Jaguar, un tótem de Mesoamérica*, bajo la curaduría de Alejandro González, Natalia Gabayet y José Luis Rojas, y nanciada por Beijing Kunyuan and Museum Exhibition Co., Ltd.; misma que se presenta en cinco museos de la República Popular China, teniendo como primera sede el Hunan Provincial Museum, del 1º de julio al 8 de octubre de 2023, para continuar en el Liaoning Provincial Museum, el China Millenium Monument el Chengdu Museum.

En el marco de la celebración de los 50 años de relaciones diplomáticas entre ambos países, nos honra compartir con el pueblo de la República Popular China, la presencia central del jaguar en nuestra cosmovisión yel reconocimiento del lugar sagrado que ocupa entre nosotros, expresado ayer y hoy a través de diversas manifestaciones artísticas de los pueblos originarios de México.

Diego Prieto Hernández
Director General del INAH

致辞三

博物馆是收藏、保护、研究、展览人类物质文明的重要殿堂，是连接过去、现在、未来的桥梁，在促进世界文明交流互鉴方面具有重要作用。成都博物馆长期致力于与国内外博物馆开展合作，在开放交融中向世界展示天府文化的精髓，在文化交流、互动往来中促进民心相通。

墨西哥是美洲文明的发源地之一，独特的自然环境孕育了瑰丽的古代文明，其独特的文化风貌、丰富的文化内涵，在世界多元文化的舞台上熠熠生辉。此次展览，通过来自墨西哥9家文博机构的154件文物珍品，围绕“水”“玉米”“美洲豹”三个墨西哥古代文明中的核心元素，讲述了这片古老土地上人们的生产生活方式、精神信仰以及令人惊叹的艺术创造力与丰富的想象力，重点诠释了美洲豹的形象及其象征意义千年来在墨西哥及中美洲文明中的重要性，向观众展现墨西哥古代文明的辉煌成就，以及古代墨西哥人与自然和谐共生的信仰和追求。借此，为中国观众了解绚烂多姿、灿烂辉煌的墨西哥古代文明打开一扇窗，带领观众一同走进古代墨西哥人的艺术与精神世界，探索那些遥远而神秘的故事，增强对墨西哥悠久历史文化的理解和认识，感受中墨文明跨越时空的对话。

本次展览也是成都博物馆构建“多彩文明”系列展览品牌的一次重要实践。希望以此为契机，强化博物馆对外文化交流职能，以文化为桥，搭建多元文明互鉴的平台，为成都世界文化名城建设贡献力量。

最后，特别感谢中国文物协会、中华文物交流协会、中华人民共和国驻墨西哥合众国大使馆、墨西哥合众国驻中华人民共和国大使馆、中华人民共和国成都海关、成都市人民政府外事办公室对此次展览的鼎力支持，向为本次展览付出辛勤劳动的专业团队致敬！

任舸

成都博物馆馆长

特奥蒂瓦坎古城遗址

Prólogo

前 言

在人类文明的绚烂长卷中，古代墨西哥文明以其独特的创造力和深邃的宇宙理解占据了特殊位置。早在3200年前，古代墨西哥就已孕育出高度发达的农业文明。从奥尔梅克到特奥蒂瓦坎，从玛雅到阿兹特克，这些文明多样而丰富，塑造了独特、灿烂的中美洲古代历史与文明。而美洲豹信仰，作为贯穿文明发展始终的文化线索，留下的，不仅是对大自然的精细观察和超凡脱俗美的追求，还有一系列令人叹为观止的文化珍品，引导我们探秘古代信仰的奥秘和文化的传承。

本次展览汇集了墨西哥九大文化机构的154件文物珍品，包括最具代表性的石刻、壁画、陶器和祭祀用品，通过这些时间的见证者，展现古代墨西哥人对雨神、玉米神和美洲豹的崇拜，折射出他们对美学、生命哲学和自然界的深刻洞见。

加入我们，共赏古代墨西哥文明的艺术精粹，并感悟其与神祇间的精神联系及对社会的深远影响。这不只是对古代文明的致敬，也是一场探寻人类对超自然的理解与表达的旅程。

特奥蒂瓦坎古城遗址

在 15 世纪末之前，美洲的人类文明和地域文化对远方的观察者而言犹如一个“新世界”的未解之谜。早在人们更为熟知的玛雅文明和阿兹特克帝国之前，距今 3500 年的奥尔梅克文明已在现在的墨西哥地区颇具规模，其在艺术、建筑和社会结构等方面的高度发展揭示了墨西哥这片土地上深厚的文明历史。从中央高原到特万特佩克地峡，从太平洋一侧的瓦哈卡山谷到伸入墨西哥湾的尤卡坦本岛，形态各异的古代文明如繁星般闪耀，它们在时间的流转和广袤的空间中交错发展，通过文化的交流和相互影响，共同织就了中美洲历史的华丽篇章。

美洲豹形石雕

公元前 1200 — 前 900 年
高 155 厘米，长 103 厘米，厚 92 厘米
玄武岩质
出土自韦拉克鲁斯州埃尔阿苏苏尔遗址
哈拉帕人类学博物馆藏

这件大型美洲豹形石雕出土自前古典时期奥尔梅克文化中心圣洛伦索以南的埃尔阿苏苏尔遗址内的一处仪式性建筑群。原石雕像由一对孪生兄弟和一只凶猛威武、呈蹲踞状态的美洲豹雕像组成。这组雕像源于一个流传了三千年的关于一对孪生兄弟创造人类的印第安古老传说。发现时“孪生子”人像一前一后，以猫科动物的姿势面对一尊美洲豹石像，似乎在寻求或听从什么。雕像风格洗练，栩栩如生。如此成组排布的方式提供了二次互通和萨满式转化的强大意象，是奥尔梅克文化的特点。

雨水滋养的文明

水，生命之源，是农业繁荣和社会发展的基础。中美洲地处得天独厚的北回归线以南地区，季风气候和优越的地理条件促进了中美洲古代文明和农业社会蓬勃发展。而季风的吹拂使得这里的农业周期和水资源的利用呈现出明显的季节性变化，以至于在中美洲各个地区各个时代的古代文明中，雨神崇拜都有着重要的地位。雨神形象常见于艺术品和建筑之中，各种祭祀仪式和庆典活动也都是为了向雨神表达敬意。

JAGUAR

珍贵雨滴

墨西哥古代文明与雨水的故事

墨西哥这片古老的土地缺乏蜿蜒的大江大河，而季风气候的影响又让雨水的到来成为了一种珍贵而不可预测的礼物。这种对雨水的极端依赖，让它在古代墨西哥人的生活中占据了特别而神圣的位置。

① “美丽的雨水”玉串珠

公元 1325—1521 年
直径 2.9 厘米
玉质
出土自墨西哥城大神庙考古遗址
大神庙博物馆藏

② 祭祀用的陶瓶

公元 1325—1521 年
高 15 厘米
陶质
出土自墨西哥城大神庙考古遗址
大神庙博物馆藏

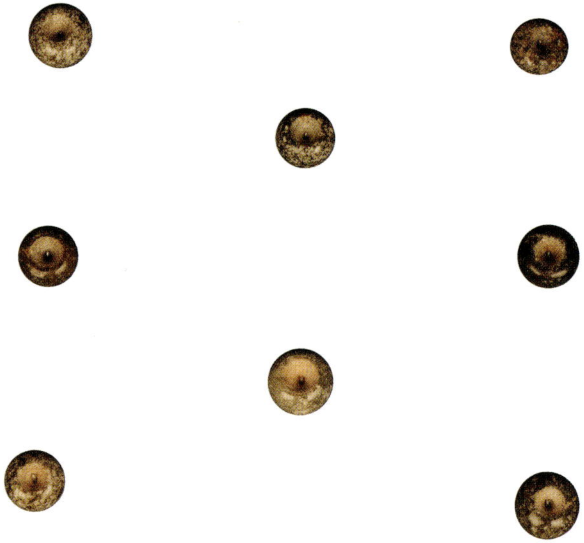

③ “美丽的雨水”祭祀用玉串珠

公元 1325—1521 年
直径 2.46—3.92 厘米
玉质
出土自墨西哥城大神庙考古遗址
大神庙博物馆藏

JAGUAR

＞ ＞ ＞ 雨神信仰

人类与自然的神圣纽带

雨神崇拜贯穿了中美洲古代历史的长河，成为古代墨西哥人精神生活中不可或缺的一部分。在距今 3200 年前，神秘的奥尔梅克文明中，雨神被视为生存和繁荣的守护神。随着时间的推移，雨神的崇拜在后续的文明中继续被传承和发扬光大。全新的、影响更为深远的名为“特拉洛克”的雨神形象被广泛崇拜并雕刻在石碑、陶器和神庙的墙壁上。

兽形豹人石雕

公元前 1200—前 900 年
高 114 厘米，长 64 厘米，厚 70 厘米
玄武岩质
出土自韦拉克鲁斯州洛斯索尔达多斯市辖区甜水地区
哈拉帕人类学博物馆藏

这件奥尔梅克文化兽形豹人石雕形象逼真，雕刻细致。在人的面部，对眼、鼻、口等部位的处理十分夸张，完全将豹的特征结合进来：大眼睛，眉峰高耸，鼻子扁塌，下巴突起，嘴巴上窄下宽，嘴角下拉，上牙床外露，这是奥尔梅克人塑造豹神的惯用艺术手法。考古学家称之为“豹嘴”或“奥尔梅克人嘴”。雕像耳后的波纹装饰，有学者认为可能象征着与雨水密切相关的雷电。

雨神特拉洛克陶像

公元 600—900 年
高 48 厘米
陶质
出土自韦拉克鲁斯地区埃尔萨波塔尔
哈拉帕人类学博物馆藏

古典时期，韦拉克鲁斯地区创造出一种独特的陶器生产风格，其中的埃尔萨波塔尔地区曾出土了一大批陶土雕像，这尊坐像就是其中之佳作。陶像的制作时间可以追溯到公元 700 年左右，当时这个地区很可能住着托托纳克人。这一人物身穿特征鲜明的特拉洛克神服装，头戴由矩形带组成的精致头饰，抱臂坐地，脚上配有独特的保护器。其戴有圆形眼罩的双眼取形于云彩之状，是代表雨水与丰收的雨神“特拉洛克”的重要特征之一。有学者认为，此件陶像表现了祭司正在向雨神转化的过程，其双手环抱腿部的坐姿能够帮助他更好地连接异界。

雨神特拉洛克陶像

雨神特拉洛克石雕

公元 600—1521 年
高 65 厘米
石质
出土自塔巴斯科州卡德纳斯地区阿瓦卢尔科
卡洛斯·裴里瑟·卡玛拉人类学博物馆藏

雨神特拉洛克是墨西哥古印第安人信奉的重要神之一，主宰着与农业息息相关的雨水、风暴、乌云和闪电。这座雕像表现了一位装扮成雨神特拉洛克的祭司，他头戴华丽饰物，佩戴雨神特拉洛克的标志物——圆形眼罩，嘴里露出分叉的舌头，手臂弯曲交叉置于胸前，呈站立状，神情淡然。

雨神特拉洛克石雕

公元 1250—1521 年
高 42.5 厘米
石质
出土自墨西哥谷地
安帕罗博物馆藏

这件雕像头戴短羽毛饰和细带，头部两侧矩形装饰的下方雕刻圆形耳环。面部有高挺的鹰钩鼻和被圆圈围绕的双眼，犬齿突出，鼻子下雕刻鼻环。手臂弯曲，身体呈坐立状，表现的也是雨神特拉洛克的形象。

雨神形象石门楣残件

公元 1325—1521 年
高 45 厘米
石质
出土自墨西哥城大神庙考古遗址
大神庙博物馆藏

墨西哥城大神庙遗址出土的这件矩形石质门楣残片，装饰纹样是与雨神特拉洛克有关的浮雕图案，戴有圆形眼罩的双眼以及从口中喷涌而出的水柱等皆为特拉洛克的典型面部特征。其构图匀称，且极具层次感，主题令人一目了然。

① 雨神形象石雕

公元 1325—1521 年
高 29 厘米
石质
出土自墨西哥城大神庙考古遗址
大神庙博物馆藏

② 雨神形象石雕

公元 1325—1521 年
高 20 厘米
石质
出土自墨西哥城大神庙考古遗址
大神庙博物馆藏

①② › › › 雨神特拉洛克象征着神圣的水，对雨神的崇拜往往通过壁画、陶器、雕塑和装饰性的建筑元素表现出来。这两件雨神头像石雕，呈现了雨神特拉洛克的典型面部特征，应是神庙的建筑构件，或许与大神庙中的雨神祭祀有关。由于此类石雕坚固耐久的特性正好符合宗教崇拜、献祭、纪念性雕刻作品长久保存的条件，也使阿兹特克文化的石雕成为世界上最具浓郁宗教象征主义和神秘主义色彩的艺术品。

①②③④ > > > 这组出土于大神庙遗址的刻有“特拉洛克”头像的精美陶瓶皆为祭品，是神庙用于向雨神特拉洛克祭祀，以期获得雨水所奉献的祭品，均出土于大神庙特拉洛克神的一侧，瓶身上都有明显的雨神特拉洛克面部特征。众多祭品中还包括其他类型的祭品，比如贝壳、珊瑚、水生动物的骨骼，以及一些与水体相联系的物品。

① 雨神特拉洛克纹陶瓶

公元 1325—1521 年
高 30 厘米
陶质
出土自墨西哥城大神庙考古遗址
大神庙博物馆藏

② 雨神特拉洛克纹陶瓶

公元 1325—1521 年
高 31.5 厘米
陶质
出土自墨西哥城大神庙考古遗址
大神庙博物馆藏

③ 雨神特拉洛克纹陶瓶

公元 1325—1521 年
高 22.5 厘米
陶质
出土自墨西哥城大神庙考古遗址
大神庙博物馆藏

④ 雨神特拉洛克纹石瓶

公元 1325—1521 年
高 24 厘米
石质
出土自墨西哥城大神庙考古遗址
大神庙博物馆藏

JAGUAR

特奥蒂瓦坎壁画 > > >

本组展示的壁画装饰精选自特奥蒂瓦坎城的废墟，这些壁画原本装饰于城市中的寺庙与宫殿之墙，如今则向我们揭示了特奥蒂瓦坎人对宇宙的理解和对神祇的崇拜。壁画中常见的龙舌兰、雨神、美洲豹以及佩戴羽毛头饰的人物，不仅展现了特奥蒂瓦坎文化中的自然崇拜和神性象征，也反映了这个文明与自然和谐共处、敬畏神灵的生活哲学。

美洲豹形象泥质彩绘壁画

公元 200—750 年
长 193 厘米，宽 58 厘米
泥，彩绘
出土自特奥蒂瓦坎古城遗址
特奥蒂瓦坎壁画博物馆藏

特奥蒂瓦坎人是色彩的热烈爱好者，他们喜欢在建筑物的里里外外画满壁画，以表示他们对诸神的崇敬，对世界的认识，对生活的关怀。壁画最常用的颜色是暗红色，所表现的主题多为神像、人像、神人结合形象以及各种动物形象等，传递出当时的宗教信仰、生活方式、服饰造型、文字历法等信息。

此壁画遗存来自特奥蒂瓦坎太阳建筑群 13 室外的 13 号门廊墙上，以深红色为主，辅以少量黄、蓝色彩。其中心图案为一只头饰华丽羽冠，正脸侧身的美洲豹。以蓝线勾勒的美洲豹居于龙舌兰丛中，周围有带眼的水流和五角星群；水流内外，还有蝴蝶和飞禽，周边饰以各种鲜花，十分华丽。

拥抱龙舌兰的美洲豹形象泥质彩绘壁画

公元 200—750 年
长 79 厘米，宽 68 厘米
泥，彩绘
出土自特奥蒂瓦坎古城遗址
特奥蒂瓦坎壁画博物馆藏

特奥蒂瓦坎宫殿和神庙壁画上的美洲豹形象或抽象或写实。这幅壁画留存了一只与龙舌兰共存的美洲豹。龙舌兰是特奥蒂瓦坎谷地的典型植物，生命力顽强，耐寒也耐旱，是唯一不会歉收的作物。它可以植株移栽，采食者甚至可以携带着未成熟的小植株迁徙。早在远古时期，龙舌兰的叶片汁液和果肉就可以为人类提供生存所需的能量和维生素；龙舌兰的纤维还可做绳子、网、陷阱圈套、篮子和其他重要的编织品。根据学者的考证，公元 300 年左右的时候，龙舌兰在墨西哥古印第安人的文化中就已经占据了重要地位，他们把龙舌兰植物视作掌管生育繁衍的女神在人间的化身。可见，从远古时期开始，龙舌兰在中美洲地区一直有着重要且独特的文化表达。

雨神特拉洛克形象泥质彩绘壁画

公元 200—750 年
长 117 厘米，宽 75.5 厘米
泥，彩绘
出土自特奥蒂瓦坎古城遗址
特奥蒂瓦坎壁画博物馆藏

特奥蒂瓦坎壁画的风格有着风格化和符号化的几何抽象表现。线条是其造像的主要手段；而颜色则以暗红为主，略施黄、绿、蓝、白等色彩，仅在个别处使用黑色。画面往往是将风格化的形象同几何形的图案组合在一起，既充满象征意义，又富于装饰趣味。此壁画遗存是神庙壁画的一部分，描绘了一位身着雨神特拉洛克服饰的祭司形象，他头戴华丽冠饰，身着优雅服装。

头戴羽饰的人物形象泥质彩绘壁画

公元 200—750 年
长 231 厘米，宽 90.5 厘米
泥，彩绘
出土自特奥蒂瓦坎古城遗址
特奥蒂瓦坎壁画博物馆藏

这幅壁画遗存描绘的是头戴羽饰的人物形象。古代墨西哥人将动物用作食物和宗教祭祀品，他们吃鹿、火鸡、狗、鱼等动物，并穿着动物毛皮制成的衣物，如美洲豹毛皮制成的短裙，绿咬鹃羽毛制成的头饰，以及河流和海洋中的贝类制成的珠宝。统治者、武士和其他贵族通常头戴动物纹头饰，以美洲豹、鳄鱼、蛇、鹿和鸟等纹样为主。

网纹美洲豹纹泥质彩绘壁画

公元 200—750 年
长 237 厘米，宽 95 厘米
泥，彩绘
出土自特奥蒂瓦坎古城遗址
特奥蒂瓦坎文化博物馆藏

这幅壁画遗存描绘的是一只抬起头的网纹美洲豹，它可能在进行一种舞蹈仪式。这类美洲豹形象是特奥蒂瓦坎壁画中常见的主题，代表了以动物形象呈现的地下世界神灵。

网纹美洲豹纹泥质彩绘壁画

公元 200—750 年
长 230 厘米，宽 108 厘米
泥，彩绘
出土自特奥蒂瓦坎古城遗址
特奥蒂瓦坎壁画博物馆藏

特奥蒂瓦坎许多宫殿中精美的壁画往往是红色的单色画，仅在线勾的图像轮廓里，以深浅不同的色调加以表现。这样用色营造出了热烈而紧张的气氛。

这幅壁画描绘了两只蹲在地上的网纹美洲豹形象：标志性的美洲豹尾巴与健壮的身躯、豹掌凸显了其作为捕猎者的特征，而其头部似乎带着古代美洲文明的典型羽毛头饰，身上的斑纹形似“渔网”，口中吞吐出淅淅水流。这样的美洲豹造型，体现了中美洲普遍的、传承已久的美洲豹与水的信仰。

JAGUAR

陶　罐

来自特奥蒂瓦坎城考古遗址的这套陶罐，以雨神的面部特征为设计灵感，揭示了雨神在特奥蒂瓦坎人心目中的至高无上地位。这些陶罐很可能在雨神崇拜仪式中用作祭祀容器，通过仪式的进行，寄托了对雨水滋养、农作物丰收和生命继续的祈盼。

雨神纹陶锅残片

公元 200—750 年
高 14.5 厘米
陶质
出土地点不详
卡洛斯・裴里瑟・卡玛拉人类学博物馆藏

淡雅美观且纹饰细致的橙色陶器是特奥蒂瓦坎文化的代表性艺术品之一，其上常常刻有象征神的图案，类似的陶器分布在整个墨西哥地区。此件器物为陶锅残片，器身较薄，纹饰精致，器壁上刻画了头戴华丽羽冠与圆形眼罩的雨神特拉洛克，原器皿应是祭祀雨神仪式中用于承接圣水的容器。

雨神纹陶罐

公元 200—750 年
高 23.2 厘米
陶质
出土自特奥蒂瓦坎古城遗址
特奥蒂瓦坎考古遗址博物馆藏

特奥蒂瓦坎的橙色陶器是陶中珍品，以其薄壁和器表刻画精美神话图案而著称。此件陶罐质细而色美，刻画了头戴华丽羽冠的人物形象，纹饰精美生动，造型大方。这种直壁陶罐可能是人们日常的生活用器，也可能是祭祀仪式或其他活动中所使用的可承接圣水的容器。

①

①②③ 雨神形象祭祀用陶瓶

公元 200—750 年
高 10.5 厘米
陶质
出土自特奥蒂瓦坎古城遗址
特奥蒂瓦坎考古遗址博物馆藏

①②③ › › › 这组陶瓶塑造了雨神特拉洛克的典型面部特征，应是用于雨神祭祀仪式上的容器。此类陶器不施彩而以塑形取胜，其造型之古怪，往往出人意料，虽然大多以人神面貌作夸张变形处理，但是总有不同的意趣。其中两件陶瓶有代表山丘的尖峰头饰，象征着雨神的栖息地。

雨神特拉洛克在特奥蒂瓦坎文化时期是最常被运用的神祇之一，在壁画、建筑、雕塑以及重要仪式所用的陶器中，人们均可看到他的形象。

②

③

JAGUAR

神秘之泉

水与地下世界的神圣联系

水不仅是生命之源，更被中美洲的古代人群视作连接现世与地下神秘世界的桥梁。在那些缺乏河流的地区，季风的变幻和特殊的地形条件使得地下水资源和储存雨水成为生活与农业生产的生命线。这种对水的依赖，让古代的人们在天然井和地下溶洞中寻找到了与水神、雨神交流的神圣空间，这些地方逐渐成为了进行祭祀活动的重要场所。

JAGUAR

圣水瓶 > > >

这套陶器被用来盛放圣水。在墨西哥地区的古老宗教仪式中，这些瓶子被用作盛接圣水的容器。其中一个瓶子上的横条纹图案象征着水流。

① 长颈圆腹陶瓶

公元前 1400—前 600 年
高 18.8 厘米
陶质
出土自特拉蒂尔科
卡洛斯·裴里瑟·卡玛拉人类学博物馆藏

①② › › ›

这两件出土自特拉蒂尔科遗址的大瓶造型古朴，技艺精湛，陶器表面均有黑色增光陶衣，或剔刻或阴画有怪兽纹或植物纹。在古代墨西哥的祭祀仪式中，这类陶瓶应是用来盛放圣水的容器；也可用于葬礼，作为奢华随葬品的一部分。特拉蒂尔科遗址的考古发掘清理出了多处仪式性活动遗存。

特拉蒂尔科的陶器形式多样，包括许多动物形象和复合式创新造型，部分陶器具有墨西哥湾低地风格，即有发现于奥尔梅克遗址中的刻画图案，如蛇、鳄鱼、美洲豹的抽象图案。最显著的特点就是在大瓶打磨光洁的表面上饰以简单的几何形纹饰，体现了前古典时期艺术朴素纯真的美学趣味。

需要说明的是，这种具有光泽的黑色表层并不是真正的釉层，而是一种增光陶衣，以黏土和颜料制成泥浆，形成可流动的溶液，施于容器表面，烧制出的陶器具有光洁细腻的器表特征。

② 黑釉长颈圆腹黑陶瓶

公元前 1200—前 900 年
高 22 厘米
陶质
出土自特拉蒂尔科
墨西哥国立人类学博物馆藏

祭祀用单色陶钵

公元前 1250—前 1000 年
高 12 厘米
陶质
出土自中央高原
安帕罗博物馆藏

这件陶钵属于奥尔梅克文化风格，整体呈米黄色，表面经过抛光，造型简洁美观。钵的局部和边缘有烧制过的痕迹，推测它可能是曾在祭祀仪式中使用过的容器。

承接圣水的陶瓶

公元前 1200—前 800 年
高 19.7 厘米
陶质
出土自中央高原
安帕罗博物馆藏

这件亚腰形陶瓶可能是用来盛放圣水的容器，也用于葬礼，作为奢华随葬品的一部分。陶瓶纹饰表现了奥尔梅克主题，描绘了一只美洲豹形象。形制鲜明，器物表面经过精致处理。

① 祭祀用马镫口形陶壶

公元前 1000—前 800 年
高 23.5 厘米
陶质
出土自中央高原
安帕罗博物馆藏

② 祭祀用人首马镫口形陶壶

公元前 300—600 年
高 26.4 厘米
陶质
出土自哈利斯科州
安帕罗博物馆藏

①② > > > 这类容器被称为马镫口形壶或瓶。壶口、流、鋬合三为一，形似马镫，实为一根短圆管向下分岔为两个圆管，两圆管与壶身相通。左侧陶壶经过抛光，整体色调呈深棕色，造型简单优雅，上部装有马镫形把手、扩散式边缘和平坦器口，下部纹饰为刻画规律的几何图案；右侧马镫壶把手上部塑造人首模样，既作为手柄使用，又作为注口，中间空心且与下部球形部分相连，便于液体的流动。两件陶壶皆应是祭祀仪式中使用的容器。它们的器型与秘鲁古代文化中的马镫口形壶的风格极为相似，应是从安第斯地区传入的，是两地之间文化交流的见证。

① 豹形陶罐

公元前 500—200 年
高 12.8 厘米
陶质
出土自瓦哈卡中央山谷
安帕罗博物馆藏

①② > > >

这两件陶罐逼真地展现了美洲豹的形态。其中一件美洲豹呈坐立状，张嘴露牙，呈跳起状，仿佛正要发出攻击，脖子处有系绳，背部开口作为容器口部；另一件描绘的是带有羽毛纹饰的美洲豹，象征着宇宙深处的水源。两件器物皆应是祭祀仪式中使用的容器。

将美洲豹与容器相结合，展现了美洲豹与水的联系。美洲豹的特征、习性和外表被印第安人赋予了多重隐喻，对应着地下世界、水、黑暗、夜晚、女性以及死者和宇宙起源的地方。

② 羽毛纹豹形陶罐

公元前 300—600 年
高 34 厘米
陶质
出土自墨西哥西部
安帕罗博物馆藏

祭祀用豹首形陶壶

公元 600—900 年
高 24 厘米
陶质
出土自塔巴斯科州塔科塔尔帕山脉的洞穴
卡洛斯·裴里瑟·卡玛拉人类学博物馆

古墨西哥人认为水能孕育生命，但有时却也象征死亡。作为热带雨林里的顶级猎食者的美洲豹居于雨林深处或洞穴中，甚至可以在水中捕食鳄鱼，因此美洲豹被认为是地下水与地下世界的掌管者。这件豹首形陶壶是承接圣水的容器，体现了美洲豹与水的紧密联系。

① 祭祀用豹首形陶杯

公元 1—650 年
高 6.3 厘米
陶质
出土自特奥蒂瓦坎古城遗址
墨西哥国立人类学博物馆藏

② 祭祀用豹首形陶杯

公元 200—750 年
高 17.5 厘米
陶质
出土自特奥蒂瓦坎古城遗址
特奥蒂瓦坎考古遗址博物馆藏

①② > > > 古墨西哥人常把陶器制作成神的形象，用精心制作的陶制祭器来表达对神的崇拜或是对某些东西的祈求。美洲豹被认为是地下水与地下世界的主宰者。这两件豹首形陶杯应是承接圣水的容器，其外形充分体现了美洲豹与水的紧密联系。

祭祀用豹纹陶钵

公元 600—900 年
高 19.5 厘米
陶质
出土自韦拉克鲁斯州萨波塔尔
哈拉帕人类学博物馆藏

这件陶钵由黏土制作而成，通体呈棕红色，钵体外壁面上绘有钩形装饰的美洲豹，钩形装饰象征着美洲豹的高贵血统和神性，独特的造型表达代表了人类对自然万物之灵寓意的探索与掌握。此类美洲豹形象经常在韦拉克鲁斯州的萨波塔尔地区发掘的橘红色陶钵中发现。

祭祀用豹纹陶钵

公元 650—900 年
高 14.5 厘米
陶质
出土自中部低地（坎佩切州和塔巴斯科州）
卡洛斯・裴里瑟・卡玛拉人类学博物馆藏

这件陶钵为橙红色，它以象征性的方式表现了古代玛雅人宇宙观的一部分。展示了美洲豹（代表夜晚的太阳）和鹿（代表白天的太阳）之间的追逐，这是太阳、月亮间运行的场景再现。

在玛雅艺术中，鹿还是繁殖力的象征，通常既是祭品，也是食物。考古发现，用于祭祀的地窖中曾出土有鹿骨，许多场景也描绘了以鹿作为祭品的事实。

祭祀用人形陶罐

公元前 300—600 年
高 18.3 厘米
陶质
出土自哈利斯科州
安帕罗博物馆藏

玛雅陶器不仅兼顾了器物的实用功能，在造型上还表现出很强的艺术性，对世俗形象和场景的表现是玛雅陶器最大的特点。这件陶罐塑造了人物以手托举陶钵祭祀的场景。器体呈人形，陶钵与人的手臂、腿之间互相连接，液体可在陶钵和人像之间流动。有学者认为这件陶罐可能作为贡品使用，突显了容器在祭祀仪式中的重要性。

祭祀用豹爪形陶杯

公元前 100—200 年
高 17 厘米
陶质
出土自瓦哈卡州
墨西哥国立人类学博物馆藏

作为雨水、地下水和溪流的守护神，古典时期的瓦哈卡地区，美洲豹整体形象的器皿、雕塑出现频率很高，同时，用于祭祀典礼的美洲豹爪形陶杯也非常普遍，杯子上往往铭刻着有关典礼的文字，如时间、神灵等，推测应是用于承接圣水的容器。

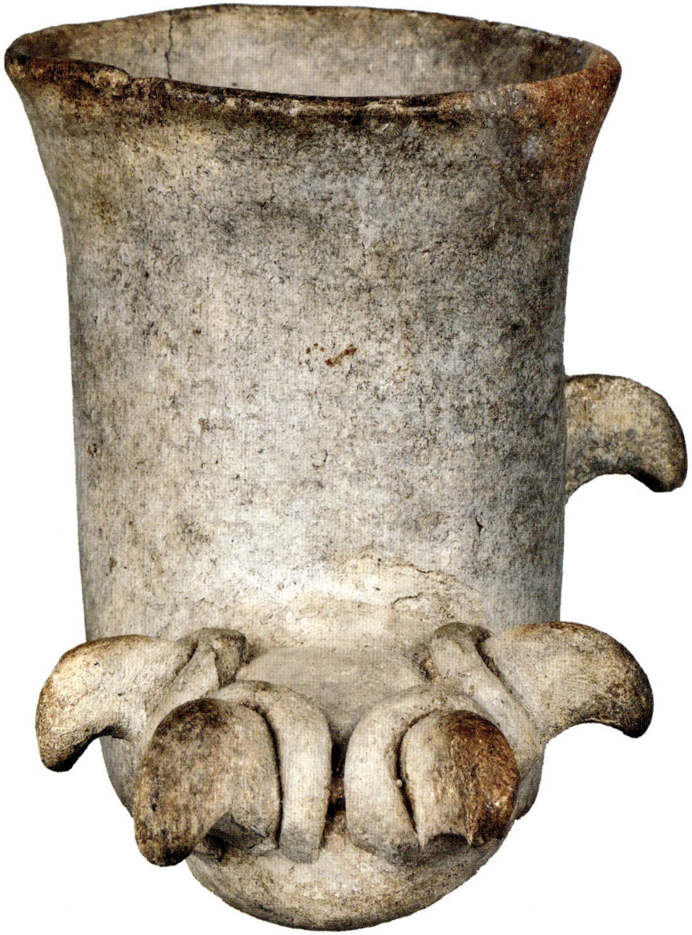

① 祭祀用豹爪形陶杯

公元 200—900 年
高 10 厘米
陶质
出土地点不详
卡洛斯·裴里瑟·卡玛拉人类学博物馆藏

①② > > > 古墨西哥人常会选择动物身体的一部分来指代整体，由于美洲豹的爪子非常有力，因此美洲豹的豹爪也被视为权力与力量的标志。这两件写实风格的爪形杯塑造得非常逼真，遒劲的利爪隐喻着当地人对美洲豹的敬畏，亦展示了这些容器使用者的等级与地位。

② 祭祀用豹爪形陶杯

公元 200—900 年
高 8.5 厘米
陶质
出土地点不详
卡洛斯・裴里瑟・卡玛拉人类学博物馆藏

JAGUAR

香　炉

在祈祷、祭祀及净化等不同的活动中，焚香是常备的仪式，香炉架上塑造穿着传统服装的人物站在美洲豹头上的形象，显得神秘与庄严。同时雕塑中还有周围的地下世界生物，揭示了美洲豹在地下世界中的主导地位。根据墨西哥古老的文化信仰，美洲豹统治着地下世界，也象征着对人们的保护和祝福。

地下世界众生形象陶香炉架

公元 200—900 年
高 35.5 厘米
陶质
出土自塔巴斯科州塔科塔尔帕
卡洛斯 · 裴里瑟 · 卡玛拉人类学博物馆藏

洞穴象征着地下世界的入口，供奉的祭品常被放置在洞穴内。这件陶制香炉架上的人物形象，结合了人类、动物和植物的特性，塑造了一个具有神奇力量，端坐于美洲豹头上的统治者形象。他头戴华丽珠宝，身系一块装饰有交叉带和圆形图案的围裙，腹部以羽毛装饰，两侧还有植物和类似猴子的动物，这些特征均强调了该人物作为地下世界主宰的权力。

地下世界众生形象陶香炉架

公元 200—900 年
高 41 厘米
陶质
出土自塔巴斯科州塔科塔尔帕地区塔皮胡拉帕
卡洛斯·裴里瑟·卡玛拉人类学博物馆藏

这件陶制香炉架上同样塑造了一位身着华服、居高临下站立在美洲豹头上的人物形象，既神秘，又庄严。该人物有“T”形牙齿，嘴角有类似鱼鳃的东西。可见，这位神明应与地下世界紧密相关。此类陶器常出现在洞穴中，表明洞穴仪式可能与促进降雨和祈求丰饶有关。

地下世界众生形象陶香炉架

公元 600—900 年
高 48 厘米
陶质
出土自塔巴斯科州塔科塔尔帕洞穴
卡洛斯·裴里瑟·卡玛拉人类学博物馆藏

洞穴是神圣的空间，是人类与神明之间沟通的途径，是水的起源。古代墨西哥人常将此种香炉架放置在洞穴内，香炉架上面的塑像用以代表与神明相关的人类，可能与丰饶和促进降雨有关。此件陶制香炉架上塑造了一位站在美洲豹头上的人物，精心制作的服饰表现出他拥有较高的地位，他的脸部戴着简化的面具，其眼睛上与雨神相关的眼罩揭示了美洲豹与地下水之间的联系。

地下世界众生形象陶香炉架

公元 600—900 年
高 38 厘米
陶质
出土自塔巴斯科州塔皮珠帕
卡洛斯·裴里瑟·卡玛拉人类学博物馆藏

这件陶制香炉架来自塔巴斯科山区的一个洞穴中，塑造了一位以地下世界的美洲豹为装扮的统治者形象，他头戴面具，手脚都似美洲豹的爪子，盘踞在一只豹的头上。作为地下世界的主宰和保佑与庇护人类的象征，美洲豹造型的香炉架常在仪式和庆典活动中被用来祭祀祖先和祈求生活富足。

神灵形象陶香炉架

公元 600—900 年
高 63 厘米
陶质
出土自塔科塔尔帕山脉的洞穴
卡洛斯·裴里瑟·卡玛拉人类学博物馆藏

古墨西哥人认为洞穴是与生命和死亡相关的神圣空间，人们往往在洞穴中举行祈祷、祭祀、净化等仪式。这件来自墨西哥塔科塔尔帕山区的洞穴中的香炉架塑造了一个身着华丽服饰、具有美洲豹特征的站立在美洲豹头上的人物形象，神秘而庄重。该香炉架应是用于仪式中的祭器，凸显了美洲豹作为地下世界主宰的地位和美洲豹超自然的力量。

祭祀用波浪、贝壳纹三足陶杯

公元 200—900 年
高 8 厘米
陶质
出土地点不详
卡洛斯・裴里瑟・卡玛拉人类学博物馆藏

陶杯整体呈灰色，杯身素面圆柱形，底部设有三足，足上刻有好似波浪和贝壳的图案。这种具有与珍贵液体相关图案的器物可能用于宗教仪式。在墨西哥信仰中这样的装饰与水有着重要联系，象征着宇宙的起源。

此外，特奥蒂瓦坎古城遗址还发现许多三足式陶器。在古墨西哥人的传说中，从神创造世界的那天起，三足式的器物就已经存在了，特奥蒂瓦坎人之所以制造了许多三足式陶器，可能表现的是宇宙、世界与人类社会生活中一种稳定的特征。

豹形祭祀用石板

公元前 400—200 年
高 28 厘米，长 117 厘米，宽 83 厘米
石质
出土地点不详
卡洛斯·裴里瑟·卡玛拉人类学博物馆藏

奥尔梅克人认为美洲豹掌控着从洞穴、泉眼和河流中涌出的地下水。为了与这个神明直接接触，人们使用带有美洲豹形象的盘子，将神圣的水和其他祭品一起放置在其中，以进行致敬丛林和黑暗之主的仪式。

玉米的故乡

古代文明的崛起往往都紧密伴随着一场从渔猎采集到农业生产的革命性转变。玉米的驯化和种植，是中美洲乃至整个美洲农业和社会发展的关键。今天我们所知的各种玉米，都源自墨西哥南部一种原始的黍类植物。大约在 5000 年前，墨西哥的农耕者们已经培育出了与现代玉米极为相似的品种，通过不懈的栽培和精心的选种，增加了玉米的产量，大幅优化了其品质。伴随这一古老的农业奇迹出现的，还有对玉米神的深切崇拜。玉米神，作为生命与丰饶的象征，在中美洲各文明中占据着极其重要的地位。

JAGUAR

陶器之美

奥尔梅克时期的艺术与信仰

陶器不仅是日常生活中的实用品，更是承载着深厚文化意义的艺术作品。奥尔梅克时期陶器以其直边、直壁、直底的设计，以及精细雕刻的装饰图案而脱颖而出。特别地，这些图案中的美洲豹皮毛和玉米地图腾，映射了当地古代人民对这两种元素的深刻敬意。

① 玉米地象征纹饰陶杯

公元前 1250—前 1000 年
高 10.1 厘米，直径 12.5 厘米
陶质
出土自中央高原
安帕罗博物馆藏

①② › › › 这两件圆柱形陶杯是奥尔梅克文化时期烧造的典型器，其特征为直口、直壁、平底以及刻纹装饰。这个时期陶工烧造的陶罐和陶杯等器皿上多刻有抽象纹饰，部分纹饰与美洲豹和玉米地相关。这组陶杯上所刻的交叉“十”字形的造型代表向四个方向延伸的肥沃玉米地；弧线与斜直线代表靠近水流的耕地。

② 玉米地象征纹饰陶杯

公元前 1000—前 500 年
高 8.8 厘米，直径 12.3 厘米
陶质
出土自墨西哥谷地
安帕罗博物馆藏

曲壁玉米地纹陶杯

公元前 1800—前 800 年
高 10.2 厘米，直径 15.4 厘米
陶质
出土自墨西哥盆地的特拉蒂尔科遗址
卡洛斯·裴里瑟·卡玛拉人类学博物馆藏

这件曲壁陶杯出土自墨西哥盆地的特拉蒂尔科墓地墓葬，器表装饰玉米地纹，体现了墨西哥古印第安先民的自然崇拜观念、信仰和审美趣味。

前古典时期早期，墨西哥盆地出现定居的人类。初期的村落规模很小，后期则不断发展状大，有的村落人数超过千人。特拉蒂尔科遗址内并没有仪式性建筑，该遗址的重要性更多地体现在其遗物之丰富程度上。

曲壁陶盆

公元前 1200—前 900 年
高 10.4 厘米，直径 24.3 厘米
陶质
出土自中央高原
墨西哥国立人类学博物馆藏

这是一件古墨西哥人烧造的陶盆，敞口、斜腹、平底，胎体厚实，器壁磨砂处理，制作规整。此陶盆是用来盛放液体的容器，其图案描绘了水和水流的形象。这件生活用陶质容器，在祭祀仪式中，也可用于盛放水或玉米等供品，用来祈求丰收。

JAGUAR

丰饶之粒

玉米与玉米神崇拜的千年纪事

玉米是古代中美洲文明的主要食物作物。玉米作为本地农业的支柱性作物，其发展促进了人口增长和社会复杂化。在漫长且充满挑战的驯化、种植和加工过程中，玉米在古代墨西哥人心中逐渐成为一种神性的存在。

装饰玉米田纹饰的人形石雕（圣洛伦索 10 号纪念碑）

公元前 1200—前 900 年
高 116 厘米，长 74 厘米，厚 65 厘米
玄武岩质
出土自韦拉克鲁斯州特希斯特佩克市辖区圣洛伦索的特诺奇蒂兰遗址
哈拉帕人类学博物馆藏

这是一尊典型的奥尔梅克文化石雕像，具有人形与美洲豹相结合的特征，出土于中美洲地区最为重要的圣洛伦索的特诺奇蒂兰遗址高台斜坡上的沟槽中。此尊美洲豹人首雕像体量巨大，有着深刻的寓意：头部中间有一个“V”形的沟壑代表着犁沟，寓意雨水顺着犁沟流入田地；方形脸则代表玉米田；胸前雕刻的大型“十”字代表着向四个方向延伸的肥沃玉米地。

需要特别说明的是，豹人的双手上还套着“指节套环”。这种“指节套环”虽见于艺术品中，但并未在奥尔梅克遗址中发现实物，它们的用途目前还不清楚，学者们认为可能是用来加工木材的工具，或者是用来搏斗的装备。

装饰有“V”形沟壑的豹人首石雕（76 号纪念碑）

公元前 1200—前 400 年
高 60 厘米，长 46.5 厘米，厚 63 厘米
玄武岩质
出土自塔巴斯科州维曼吉约地区拉文塔遗址
卡洛斯·裴里瑟·卡玛拉人类学博物馆藏

这件大型石雕展现的是美洲豹人首的形象，是奥尔梅克石雕美洲豹人首的代表作之一，体量颇大，两耳竖起，双眼凸出，其上分别饰变形“十”字纹和几何纹，大嘴咆哮，獠牙毕现，作威猛状，极具震慑力。豹人首头顶中间同样有着寓意水流入玉米田的“V”形沟壑；方形的豹人脸和眼睛上的变形“十”字纹，也同样是玉米地的代表。这些艺术特征体现出在古墨西哥人的观念中，与土地、水和美洲豹存在着密切的关联。

装饰有“V”形沟壑的玉权杖

公元前 1800—前 200 年
高 25.5 厘米，长 5 厘米，厚 2 厘米
玉质
出土自塔巴斯科州卡德纳斯地区奥约沙尔
卡洛斯·裴里瑟·卡玛拉人类学博物馆藏

美洲、亚洲、欧洲各地在新石器时代晚期都曾将石（玉）斧作为首领、贵族和祭司的身份地位和权利的象征。这件奥尔梅克文化的斧形权杖将石斧与权杖的关系表现得更为清晰。不仅如此，权杖同样暗示了美洲豹与雨水、丰收的联系。此权杖中部雕刻了奥尔梅克人脸部形象，其脸具有美洲豹的某些特征，如杏仁眼，扁鼻、厚唇，豹嘴下弯。豹人方脸，头部中间有“V”形沟壑，寓意玉米田和犁沟。权杖上部为玉米棒形象，表示地里长出的玉米，其上有黑色斑纹，象征美洲豹皮毛上的豹斑，表达了玉米与美洲豹紧密相关。权杖表面还雕饰着一条盘卷的蛇。整个权杖上的纹饰体现了土地、丰收、美洲豹、蛇、力量和神秘等多重寓意。

装饰有“V”形沟壑的豹人石斧

公元前 1800—前 200 年
高 23 厘米，长 12 厘米，厚 2 厘米
石质
出土自塔巴斯科州维曼吉约地区拉文塔遗址
卡洛斯·裴里瑟·卡玛拉人类学博物馆藏

中美洲地区人民使用磨制的石斧来清理土地进行耕种，而这件豹人石斧则可能是祭祀玉米丰收仪式上的祈愿用器。石斧被雕刻成站立着的豹人形象，头顶中间刻“V”形沟壑，脸呈方形，杏仁形眼，厚唇，豹嘴作张开状。

装饰有玉米田特征的人首玉斧

公元前 1250—前 600 年
高 21.2 厘米，长 12.6 厘米，厚 11.6 厘米
玉质
出土自科瓦鲁比亚斯
墨西哥国立人类学博物馆藏

这是一件奥尔梅克文化时期的豹人首玉斧。斧的下端残缺；上端的豹人脸有人与美洲豹的共同特征。豹人头顶中间有“V”形沟壑，象征犁沟，人脸呈方形，象征玉米田。这些表明此斧与祭祀和农业有关。

大约公元前 500 年以后，奥尔梅克人开始使用石质工具和磨具，以珍贵的绿岩制造小件物品，如来自危地马拉和洪都拉斯的翡翠和蛇纹石。他们将绿岩打造成与雨水和玉米相关的超自然神灵的形象，并制造仪式性的农用工具，用以播种玉米。这些物品呈冷色调，泛蓝绿色光，接近植物、水和生命的颜色，象征了这些人们赖以生存的物质。这些以雨水和玉米为意象的物品有时也被埋在地下，寓意着滋养大地和作物生根发芽。

装饰有“V”形沟壑的翡翠护胸牌

公元前 1200—100 年
高 8 厘米，长 13.5 厘米，厚 2 厘米
玉质
出土自塔巴斯科州卡德纳斯
卡洛斯・裴里瑟・卡玛拉人类学博物馆藏

这件翡翠护胸牌饰的外形被雕刻成龟壳的形状。绿色石头和龟壳形状象征着水和大地。水是玉米生长的重要条件，对于古墨西哥人具有重要意义。牌饰中部刻画了一个奥尔梅克人的面部，杏仁眼、宽扁鼻、厚唇、豹嘴下翻，头上的“V”形裂缝便是玉米生长的地面裂口。这件牌饰可能用于日常佩戴、葬礼或献祭仪式。

翡翠和蛇纹石等绿宝石的翠绿之色与玉米植株和水相似，它们与生产及生业相关，是奥尔梅克文化宇宙观和政治意识形态的基本概念。

装饰有玉米田特征的人形玉斧

公元前 1200—前 400 年
高 25.5 厘米，长 8 厘米，厚 2.5 厘米
玉质
出土地点不详
卡洛斯·裴里瑟·卡玛拉人类学博物馆藏

这件人形玉斧所用材料为奥尔梅克人特别珍视的玉石，表明此玉斧是祭祀用器，是权利身份的象征，而非实用的农业工具。玉斧的刃部为方形人脸，象征玉米田，而代表犁沟的“V”形沟壑在人脸的下方，呈对称分布，表明这件玉斧与农业丰收等祭祀礼仪活动密切相关。

玉米与美洲豹石雕

公元前 600—公元 200 年
高 95 厘米
玄武岩质
出土地点不详
恰帕斯地区博物馆藏

这件来自玛雅文化的石雕被塑造为头顶玉米的美洲豹造型，展示了美洲豹作为玉米守护神的形象。古墨西哥有不少关于玉米与人类的神话故事。玛雅神话中，双胞胎兄弟战胜冥界之神，复活了父亲，父亲成为玉米神，庇护着这片土地；在阿兹特克神话里，人类的先祖化身为黑蚂蚁，找到了红蚂蚁藏匿的玉米，有了玉米，生命和文明得以延续。

玉米神石雕

公元 1325—1521 年
高 73 厘米，长 33 厘米，厚 17 厘米
石质
出土自中央高原
墨西哥国立人类学博物馆藏

玉米种植促进了古墨西哥地区社会形态的变革，繁荣了古墨西哥的农业文明。古墨西哥人认为玉米让这片土地生机盎然，便自然而然地产生了对玉米神的崇拜，他们会向玉米之神献祭、送上供品：人们认为抛洒鲜血是养活大地和确保丰收的必要条件。

在古代墨西哥，不同时期、不同地域的文化都创造了独特的玉米神。这尊玉米神是阿兹特克文化的玉米女神西瓦科亚特尔。她手持权杖，头戴一顶夸张、高耸、独特的矩形头饰，那是个程式化的玉米穗形状，称为“纸屋”，与阿兹特克文献对玉米女神的记载一致。她的名字在阿兹特克语中意为“七蛇”女神，是玉米神 Centeotl 的对应阴性神，也是成熟玉米拟人化的象征。数字“七”代表了运气与繁衍的力量。

玉米神并非只是玉米或玉米植物的人格化，还象征着繁育的能力。其生命周期与田野中的玉米相似，其形象代表了生长、死亡和重生的过程。民族史与民族志资料显示，玉米和人类的生命轮回由相同的观念连接在一起，诸如：玉米神进入水中或被斩首则将死亡，与农民折弯玉米秆、中断植物生长和在将穗从秆上折下之前令玉米粒变硬的行为相似。玉米神在龟状大地的球场或裂缝中重生，或从黑暗的原始水域中升起，无数玉米神的造物观念在玛雅地区长期且广泛地传播。

JAGUAR

守护之神

沃野千里中的动物精灵

古代墨西哥人认为美洲豹是土地和作物的保护神，他们相信美洲豹会吃掉那些损害作物如玉米的动物，以保护庄稼。同时在玛雅传说中，当玉米粒落到地上时，它们会落入地下世界，那里的美洲豹作为地下世界的统治者，会收集玉米粒并保护玉米田。

浮雕美洲豹捕食啮齿类动物纹石板

公元 900—1200 年
高 64 厘米，长 50 厘米
石质
出土自中央高原
安帕罗博物馆藏

这件石板上雕刻了一只凶猛的美洲豹，它怒目圆睁，张嘴露出利齿，正欲捕食啮齿类和鸟类等偷吃玉米的动物。这件石板可能是神庙、宫殿或祭台等大型建筑外立面上的装饰石雕，所刻纹饰表达了美洲豹守护玉米的观念。

①—⑨ 农田守护神美洲豹形雕塑

①公元 1—650 年；②③⑤⑥⑦⑧公元 650—900 年；④⑨公元 200—900 年
①高 3.5 厘米，长 8.5 厘米；②高 6.5 厘米；③高 8.5 厘米；④高 18.5 厘米；⑤高 12 厘米；
⑥高 9 厘米；⑦高 8.2 厘米；⑧高 2.6—3.5 厘米；⑨高 7.5 厘米
陶质、石质
出土于墨西哥各文化遗址
墨西哥国立人类学博物馆、卡洛斯·裴里瑟·卡玛拉人类学博物馆藏

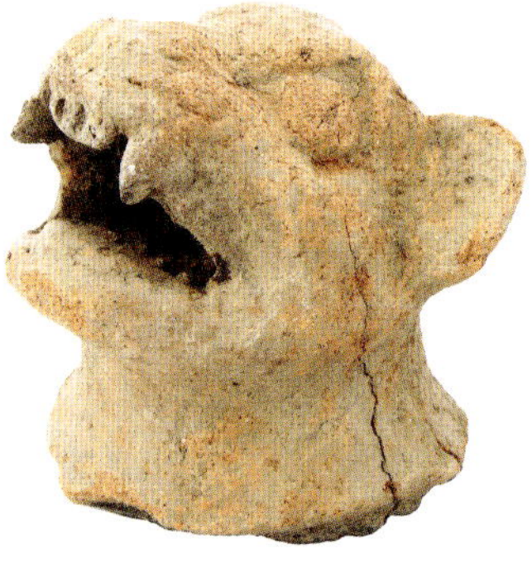

②

①

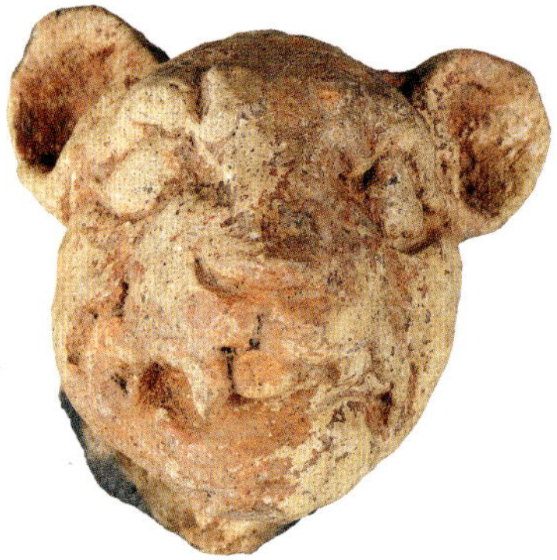

③

①—⑨ › › › 这 9 件豹形雕塑器物均来自于玛雅文化遗址。

由于掌握了混合种植、轮作和水利灌溉等技术，玛雅人的生业形态由狩猎采集转向了农业种植。进入了农业社会的玛雅文明，玉米种植成为了玛雅人生产和生活的重心。美洲豹作为土地与玉米的主人，其形象被大量地运用到手工泥塑陶塑和石雕作品中。这组美洲豹展品可能用于玛雅人的美洲豹崇拜仪式中，体现了古墨西哥人将美洲豹视为耕地和作物守护神的信仰。

④

⑤

⑦

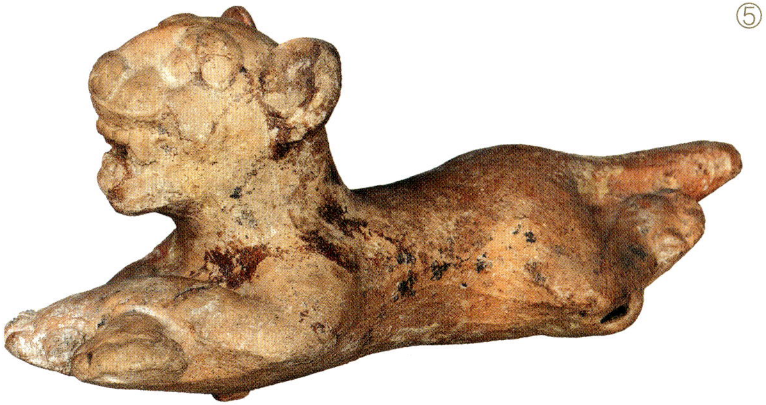

⑥

⑧

⑨

叼着玉米的狗形陶塑

公元 400—650 年
高 14 厘米，长 30.4 厘米
陶质
出土自科利马州
墨西哥国立人类学博物馆藏

墨西哥的太平洋沿岸，亦称“西部”，包括今格雷罗、科利马、米却步、哈利斯科、纳亚里特和锡那罗亚等州。这些地区所诞生的文化艺术形式相对简单、通俗，视觉表现虽没有其他中美洲文明那样富丽堂皇和精致，但却非常有趣、生动。除人物外，科利马的陶器还描绘了许多不同种类的动物形象。这件嘴里叼着玉米的狗形陶塑即是出土于科利马州的一件祭祀用器，在古墨西哥传说中，狗和玉米有着不解之缘。

中美洲的狗通常是作为食物饲养的，但它们也通过忠诚和服务获得了人类的喜爱与尊重，而作为人类离世后的引导者是狗生命中的最后一个角色。科利马的竖井墓穴中发现了许多狗形陶器，还有陪葬用的狗的骨头，很明显狗是被殉葬以陪伴死者进入往生的。

JAGUAR

> > > 玉米加工

超越时代的创新智慧

古代墨西哥人对玉米的加工，体现了超越时代的创新和智慧。超过 3000 年前，他们已经精通了碱处理技术——通过将玉米籽粒在碱性水中煮沸有效地去除玉米外壳，然后利用石磨和臼等传统工具，将经过碱处理的玉米磨成细腻的玉米粉，再进一步加工成不同的食物。

①②③④ 玉米加工工具：石磨盘、石磨棒

①公元前 1200—前 400 年；②③公元前 200—750 年；
④公元 900—1521 年
①高 29 厘米，长 18.5 厘米；②高 6.8 厘米，长 32 厘米，宽 21 厘米；
③长 24 厘米；④高 6.8 厘米
石磨棒：长 30 厘米，直径 8.5 厘米
石质
分别出土自塔巴斯科州乌苏马辛塔地区、特奥蒂瓦坎古城遗址、墨西哥湾沿岸、巴兰坎州马克通公地
卡洛斯・裴里瑟・卡玛拉人类学博物馆、安帕罗博物馆、
特奥蒂瓦坎考古遗址博物馆藏

①

②

③

④

①②③④ > > > 中美洲种植最广泛的植物以及主要的食物来源就是玉米。玉米可以煮着吃，也可以烤着吃，而玉米粉则会用来制作玉米饼和玉米卷等一些主食，因此，石磨盘和石磨就成为了加工玉米的重要工具。

古墨西哥人的石磨盘形制较为丰富，有美洲豹形、兽首形、平板形，也有平底的、三足的和四足的。石磨盘形制虽多样，但盘面皆平滑，既可用石磨棒将碱化煮熟的玉米碾磨成玉米粉，又可用来将玉米粉反复揉搓成玉米面团。人们将制作好的玉米面团放于泥制盘中，上火烤成玉米饼；或将面团置于陶罐中，加水煮成玉米粥。因此，石磨是古墨西哥人生活中必不可少的工具，也是重要的祭祀用器。

①

石磨棒、石磨盘

①公元前 200—900 年；②公元前 1800—前 200 年
①长 30 厘米；②高 11.5 厘米，长 32 厘米
石质
出土自塔巴斯科州维曼吉约地区拉文塔遗址
卡洛斯·裴里瑟·卡玛拉人类学博物馆藏

②

①② > > > 在远古时期，古墨西哥和中美洲文化区的人类已经认识到了玉米的实用属性，并初步掌握了玉米驯化与栽培技术，开始了农业实践，这是墨西哥和中美洲古代文明所迈出的关键性的一步。墨西哥与中美洲文化区诸部族遗址中保存了丰富的、具有驯化特征的玉米遗存，同时也出土了不少加工玉米的重要工具——石磨盘和石磨棒。

石磨盘和石磨棒是主要的碾磨工具，也可用于碾磨等食物，既是古墨西哥人生活中必不可少的工具，也是重要的祭祀用器。

① 豹形石臼

公元 300—900 年
高 19.1 厘米，长 24 厘米，厚 23.6 厘米
石质
出土地点不详
哈拉帕人类学博物馆藏

①② ＞＞＞ 石杵和石臼配合使用，用于粉碎玉米、菜豆、块茎类等食材，还用于磨碎辣椒、西红柿、昆虫、香料等制作食物的调味料，是墨西哥古代常见的厨房用具。美洲豹形石臼体现了古墨西哥人对于美洲豹的信仰观念，他们崇拜美洲豹，并将其雕刻在石臼上，希望得到美洲豹庇佑，获得丰收，从而有充足的粮食用以加工食物。

石臼、石杵与石磨盘、石磨棒同为磨碎食物的器物，前者采用垂直上下捣击食物的加工方式，后者以水平方向轧碾食物，以达到磨碎的目的。

② 石臼和石杵

公元 200—1531 年
臼高 11.8 厘米，直径 26.7 厘米
杵长 10 厘米，直径 6 厘米
石质
出土地点不详
安帕罗博物馆藏

① 玉米粒造型陶罐

公元 200—600 年
高 20.4 厘米
陶质
出土自科利马州
墨西哥国立人类学博物馆藏

①② > > > 玉米、南瓜、菜豆三种农作物的混合种植是古代墨西哥人发明并擅长的“三姐妹”种植方式，这种种植方式表现在陶器上，便是将陶器塑造成玉米、南瓜等农作物形态用于祭祀，也用作厨房用具。这两件陶罐，一件为玉米粒造型，一件为南瓜造型。前者出土于科利马州的竖井式墓穴，后者出土于塔巴斯科州的乌苏马辛塔河地区，皆为墓穴陪葬品。二者同置于一处从侧面体现了古墨西哥人的农作物混合种植技术。

② 南瓜造型陶罐

公元 900—1521 年
高 14 厘米
陶质
出土自塔巴斯科州乌苏马辛塔河地区
卡洛斯·裴里瑟·卡玛拉人类学博物馆藏

玉米、南瓜和菜豆这三种植物的混合套种不仅确保了农作物的丰收，同时，这三种植物在古墨西哥人的日常饮食中也维持了营养的平衡。这对于中美洲地区这个以植物性食物为主，缺少奶制品的地区是非常重要的。

需要特别说明的是：在发现美洲之前，欧洲人并不知道玉米这种作物。玉米是中美洲种植最广泛的植物；而食用葫芦科植物南瓜，也是墨西哥的原生品种，据考古发现显示其种植历史始于 9000 年前，比玉米还要早 2000 年左右，南瓜是整个中美洲地区迄今所见最早种植的农作物。作为人类最日常、最依赖的食物，二者也是艺术作品和宗教仪式中的重要元素。

南瓜造型陶罐

JAGUAR

季风礼赞

古代墨西哥的丰收与祭祀

依托于自然季节的变换，古代墨西哥人的农业生产展现出鲜明的季节性特点。面对自然的不可预测性，古代人民发展出特别的祭祀仪式与自然界沟通。这些仪式不仅是庆祝丰收的欢乐时刻，更是向神灵祈求保佑和感谢的表达。

① 舞蹈豹人玉雕像

公元前 2300—100 年
高 55 厘米，长 24 厘米，厚 26 厘米
玉质
出土地点不详
斯伯拉特林博物馆藏

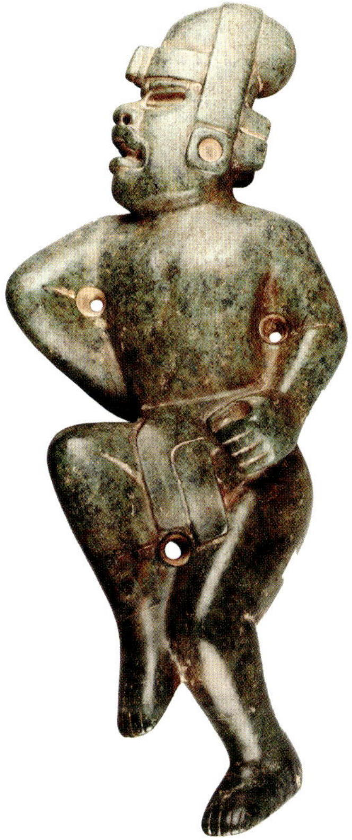

② 舞蹈豹人玉雕像

公元前 1200—200 年
高 14.5 厘米，长 12.4 厘米，厚 2.8 厘米
玉质
出土地点不详
哈拉帕人类学博物馆藏

①② ＞＞＞ 考古发现和历史资料证明，中美洲不同地区的乐器和舞蹈种类繁多。玛雅文明和阿兹特克文明和其他民族一样，在宗教仪式、婚礼、葬礼、祭祀和加冕仪式中，以及与历法周期有关的节日庆典上，音乐、唱歌和舞蹈皆是重要的活动内容。这两件典型的奥尔梅克文化玉质豹人雕像刀工利落，线条简洁，造型简约，生动传神。墨西哥古代文化由玉米孕育，产生了与玉米生长和收获相关的宗教祭祀仪式。仪式中，巫觋伴着音乐旋律起舞，与神灵沟通。这两件舞蹈豹人被认为是正在祈雨的巫觋：他们面朝天空，单脚斜立，舞动身姿，正在跳着祭祀仪式上特有的舞蹈。其中，墨绿色玉雕因其似水般的蓝绿色泽更凸显了它和雨水的密切关系。

① 带轮美洲豹形陶哨

公元 600—900 年
高 9.2 厘米，长 8 厘米
陶质
出土自韦拉克鲁斯州，白土地，诺皮洛阿
哈拉帕人类学博物馆藏

①② > > > 轮子的发明在人类文明进程中具有里程碑式的意义。当轮子衍生出车子，跨地域的贸易与交流得到了大发展，进而加速了经济的发展与文化的交流。这组陶哨上的轮子表明墨西哥古代印第安人已经认识到了轮子的特性与意义,但由于种种主、客观因素的限制，例如崎岖、复杂的地形，金属冶炼工艺的落后，缺乏大型驯化牲畜等等，导致古印第安人在欧洲人到来之前始终没有制造出文明的加速器——车。

② 带轮美洲豹形陶哨

公元 200—900 年
高 10.5 厘米，长 7 厘米
陶质
出土自韦拉克鲁斯北部
卡洛斯·裴里瑟·卡玛拉人类学博物馆藏

①②③④⑤ 豹形、豹人陶哨

①公元 650—900 年；②③公元 600—900 年
①高 8.8 厘米，长 12 厘米；
②高 6.9 厘米，长 4.4 厘米；
③高 5.4 厘米，长 2.6 厘米
陶质
分别出土自韦拉克鲁斯州白土地的诺皮洛阿，西北低地，坎佩切州海纳岛
哈拉帕人类学博物馆、卡洛斯·裴里瑟·卡玛拉人类学博物馆、墨西哥国立人类学博物馆藏

①

②

③

④

⑤

①②③④⑤ › › ›

从很早以前起，玛雅人在举行重大仪式时就已经用各种各样的乐器营造出隆重、热烈的气氛。其中，最常见的乐器就是哨，多为动物形和人形。在古墨西哥人的信仰中，常以美洲豹的咆哮声预示着雨季到来前的惊雷。因此，美洲豹造型小塑像和豹形口哨常与丧葬仪式有关。这组被捏塑成美洲豹或豹人形象的陶哨，可能曾被用于祈求丰沛降雨的祭祀仪式，或者是与生死相关的仪式中。

豹人陶口哨

公元600—900年
高31厘米
陶质
出土自韦拉克鲁斯州萨波塔尔
哈拉帕人类学博物馆藏

玛雅艺术家在制作陶哨时，经常通过哨子造型的设计把哨嘴放在不显眼的地方，这样既不影响器物的美感，又保证了乐器哨的实用性。这件陶哨尺寸颇大，呈站立的豹人形象。豹人拥有人脸、豹嘴和獠牙相结合的特征，他头戴精致的饰物，身着武士服。哨嘴处于豹人与他背部的装饰之间，十分隐秘；估计豹人的双眼和张开的口部就是乐器的发声处。豹人形口哨是玛雅统治者在求雨祭祀仪式中所用的乐器。目的是希望借助美洲豹的呼唤和力量，祈求雨神赐予丰沛的雨水。人形的陶哨也被称为奥克瑞纳，常在葬礼上使用。

① 祭祀祖先丧葬用陶瓮

公元 200—900 年
高 54.5 厘米，长 29.5 厘米，厚 23.5 厘米
陶质
出土自瓦哈卡州
卡洛斯·裴里瑟·卡玛拉人类学博物馆藏

①②③ › › ›

崇敬祖先是古墨西哥宗教和政治生活中不可缺少的内容。在瓦哈卡州阿尔班山的墓穴中，尤其是萨波特克人的坟墓中，经常发现带有盖子的特殊容器。由于萨波特克人流行土葬而非火化，所以尽管这些容器也被称为“骨灰瓮”，但里面并没有死者的骨灰，它们是专门用于祭祀祖先、祈求风调雨顺的丧葬陶器，通常放置于坟墓的门楣上方、墓室地板上或壁龛中，具有神圣的意义。这组丧葬用陶瓮的装饰丰富多彩，皆被塑造为雨神的形象。

在墨西哥古代文化中，雨神与美洲豹、水和玉米密切相关。雨神的头饰特别丰富，象征着大自然的力量和承载万物的能力。古墨西哥人认为，他们的祖先传承下来的除了玉米种植技术、肥沃的土地外，还有与神灵的契约。人们可以通过祭祀祖先来寻求祖先的帮助，更好地与神灵沟通，使农作物茁壮生长。

② 祭祀祖先丧葬用陶瓮

公元前 100 年—200 年
高 36 厘米，长 22 厘米，厚 25 厘米
陶质
出土自瓦哈卡州
墨西哥国立人类学博物馆藏

③ 祭祀祖先丧葬用陶瓮

公元 600—800 年
高 59 厘米，长 40 厘米，厚 39 厘米
陶质
出土自瓦哈卡州
墨西哥国家文化博物馆藏

浅浮雕美洲豹纹墙壁石嵌板

美洲豹的世界

美洲豹，不仅是新大陆上特有的最大的猫科动物，它的形象还深深植根于古代墨西哥人的宗教和文化之中。这一神秘生物，仅次于狮子和老虎的壮丽体型，以其敏捷、力大无穷及惊人的耐力受到崇拜。美洲豹那金色的皮毛，镶嵌着夜空般的黑色斑点，被古代的人们赋予了丰富的象征意义——它既是白日之阳的化身，又是夜晚之星的使者，掌管着生与死的界限，能够自由穿梭于光明与黑暗之间。人们相信，美洲豹能够保护社群免受邪恶力量的侵扰，引领灵魂穿越黑暗，抵达光明之地。

JAGUAR

丛林之灵

美洲豹的神话与信仰

美洲豹，这一美洲大陆上体型最大的猫科动物，以其华丽的皮毛和敏捷的身姿，成为了自然界中无可争议的佼佼者。不仅是丛林的王者，美洲豹还被古代墨西哥人视为精神世界的守护者，从奥尔梅克文明的曙光直到阿兹特克帝国的辉煌时期，一直占据着墨西哥宗教和艺术的核心位置。

“王子”豹人石雕

公元前 1200—前 900 年
高 127 厘米，长 84 厘米，厚 74 厘米
玄武岩质
出土自韦拉克鲁斯州克鲁斯 - 德米拉格罗遗址
哈拉帕人类学博物馆藏

这件雕像是克鲁兹 - 德米拉格罗遗址的一号石雕，发现于奥尔梅克文化腹地，墨西哥湾南部沿岸低地，被称为“王子”。石雕结合了美洲豹和人的形象，展示了其尊贵和高等级的特殊身份。雕像人物有一张椭圆形的脸，面庞饱满，眼睛细长，鼻子扁平，嘴唇厚大松弛并微微张开，嘴角下弯，神态平和。这种面部特征广泛见于著名的奥尔梅克巨石头像。“王子”的躯体呈盘坐状，双手握拳置于腿前，模仿美洲豹常见的坐姿，形成统治者的姿态。他的头部还戴有一顶紧绷的头盔，两侧圆柱形的耳环代表着拉长的翡翠珠子，彰显了其不凡的地位。和其他这类作品一样，这件巨石雕像刻画的是奥尔梅克大型都城外围政教中心的统治者。这种将美洲豹与统治者形象相融合的作品，象征了社会更高阶层中的“王子”化身成美洲豹的宗教愿望，传递着人们对美洲豹的崇拜与敬畏。

美洲豹形石雕

公元前 900—前 400 年
高 133 厘米，长 125 厘米，厚 98 厘米
玄武岩质
出土自韦拉克鲁斯州洛斯索尔达多斯市辖区甜水地区
哈拉帕人类学博物馆藏

这件美洲豹石雕是当地人偶然发现的，其形象为一只体型庞大、嘴里衔着一根绳子的美洲豹。结合韦拉克鲁斯州的圣洛伦索特诺奇蒂特兰和塔巴斯科州拉文塔两处考古遗址中发现的宝座上的绳子可以推测，在奥尔梅克文化雕刻作品中"绳子"与权力有关联。

骸骨美洲豹石雕

公元 900—1250 年
高 53.4 厘米，长 36 厘米，厚 46 厘米
石质
出土自伊达尔戈州图拉
墨西哥国立人类学博物馆藏

一般而言，图腾动物神圣不可侵犯，部落禁止任意杀害图腾动物；不过有活人献祭习俗的美洲文明，则认为美洲豹是最尊贵的活祭品，在建造神庙与国王登基时，会以美洲豹为祭品，增加神圣氛围。玛雅城邦科潘第十六代国王登基时，就曾献祭了十六只美洲豹。这件没有任何装饰，只见骨架，脸部消瘦的骸骨美洲豹石雕像出土于伊达尔戈市图拉镇，在那里曾出土发现了数个这样的骸骨美洲豹石雕像，它们向我们讲述了死亡与重生，以及与丰收相联系的再生实践的重要性和源起。

美洲豹石雕

公元前 1200—前 900 年
高 40 厘米，长 64 厘米，厚 30 厘米
玄武岩质
出土自韦拉克鲁斯州圣洛伦索特诺奇蒂兰遗址
哈拉帕人类学博物馆藏

在奥克梅克文化雕刻作品中，拟人化的美洲豹很常见。这件精美的美洲豹石像的耳部装饰有高等级人特有的耳环，反映了墨西哥古印第安人超现实的想象力和艺术的创造力。

美洲豹幼崽石雕

公元前 1200—前 400 年
高 64 厘米，长 44 厘米，厚 47 厘米
玄武岩质
出土自韦拉克鲁斯州伊克斯瓦坦
卡洛斯・裴里瑟・卡玛拉人类学博物馆藏

这件石雕造像雕刻的是一只坐姿的美洲豹幼崽：鼻子不明显，眼睛呈新月形凹陷，双腿弯曲成锐角，紧贴身体，伸出的双臂放在身前。石雕背面有一条浅浮雕式的分叉尾巴，占据整个背部。头部与身体几乎一样大，突出一张对于面部来说过于夸张的嘴巴。这件石雕发现于韦拉克鲁斯州城，距离拉文塔不到 50 公里。尽管一般认为美洲豹在奥尔梅克文化的宇宙观中起着主导作用，但美洲豹幼崽的形象仅仅在拉文塔地区有发现。

石质美洲豹面具

公元 300—900 年
高 18.5 厘米，长 16 厘米，厚 13.9 厘米
石质
出土自韦拉克鲁斯州帕帕洛阿潘
哈拉帕人类学博物馆藏

这件美洲豹面具石雕嘴唇上翘，獠牙外露，似在咆哮，令人望而生畏。

在萨波特克人和玛雅人的宗教信仰中，精英和萨满是类似于神灵的存在，他们在动物王国中都具有一个对应的自我。通过化形为这些动物，精英和萨满可以与神灵和超自然世界进行沟通。对于奥尔梅克人和玛雅人来说，美洲豹是最为重要的动物。直至今天，墨西哥的印第安人在求雨仪式和舞蹈中仍然戴着美洲豹面具。

美洲豹陶塑

公元 600—900 年
高 11.2 厘米
陶质
出土自韦拉克鲁斯州
安帕罗博物馆藏

这件美洲豹形陶塑，整体似俯卧咆哮或蛰伏出击捕食状，豹嘴、豹耳以及突出的獠牙，制作时都进行了特别的处理，其逼真的神态源自古墨西哥人对美洲豹最朴实的认知。现今所发现的考古资料证明：自前古典时期到后古典时期的数千年历史中，美洲豹都在整个中美洲的艺术和宗教中占据着重要的地位。

豹形石建筑构件

公元 900—1521 年
高 31.2 厘米，长 56.5 厘米，厚 10 厘米
石质
出土自中央高原
安帕罗博物馆藏

这块石质建筑构件是在考古遗址中发现的，其上雕刻的是一只匍匐状态的美洲豹。它的嘴部有一个卷曲形状的旋涡纹，有学者认为这个图案与声音有关。根据一些与这类图案有关的因素考察，它可能是神圣的歌声，或者是美洲豹吼叫声的体现。

托尔特克人的都城图拉在约公元 900—1200 年间曾是墨西哥中部高原的政治、文化中心，托尔特克文明在此产生、发展并辐射到了墨西哥东南部的尤卡坦半岛、墨西哥湾沿岸以及中美洲的萨尔瓦多、危地马拉等地区。这些地区都相继发现了带有托尔特克建筑风格的古城遗迹。

豹形石雕

公元 600—900 年
高 163.3 厘米，长 50.5 厘米，厚 52 厘米
石质
出土自恰帕斯州
恰帕斯地区博物馆藏

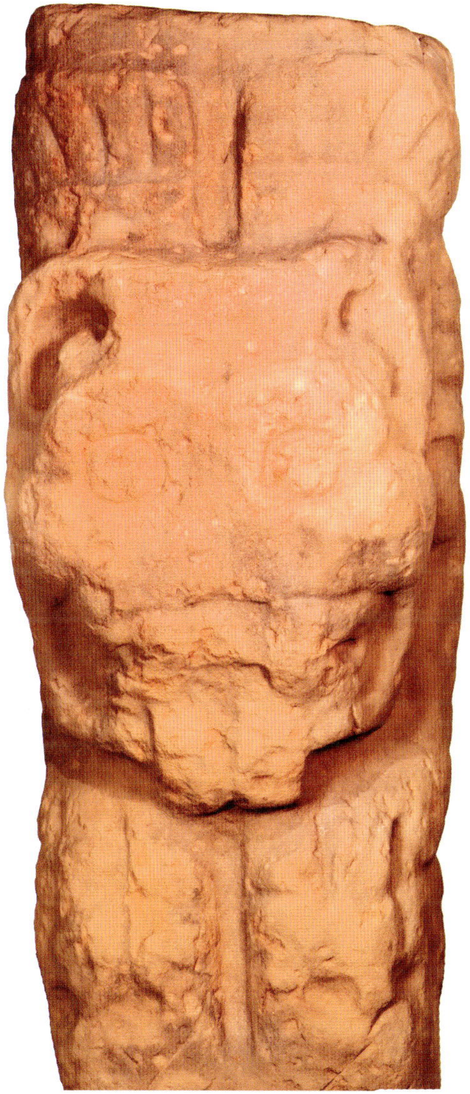

这是一件大型的美洲豹石雕作品。美洲豹是玉米的守护神、地下世界之主，掌握着土地、水和玉米等人们生产和生活所需的重要资源。古墨西哥人特别崇拜美洲豹，将其形象雕刻成大型石雕，作为神庙、宫殿等建筑的组成部分，以此祈愿美洲豹的保佑和赐福。

浅浮雕美洲豹纹墙壁石嵌板

公元 900—1250 年
高 110 厘米，长 92 厘米，厚 39 厘米
石质
出土自尤卡坦州奇琴伊察遗址
墨西哥国立人类学博物馆藏

美洲豹的图像在中美洲艺术中会以多种形式出现。这块浅浮雕美洲豹纹墙壁石嵌板来自玛雅城市文化顶峰时期的重要遗址奇琴伊察的鹰神庙，它描绘了一只美洲豹正在吞噬人类心脏的场面。奇琴伊察意为“在伊察的水井口”。该遗址南北长 3 公里，东西宽 2 公里，有建筑物数百座，属于玛雅文化和托尔特克文化。大约在公元 1200 年后，玛雅文化和托尔特克文化开始缓慢衰落。

需要特别说明的是：托尔特克人一直将美洲豹神与死亡和牺牲联系在一起。

浮雕美洲豹石质建筑构件

公元 1325—1521 年
高 126 厘米，长 49 厘米，厚 15.5 厘米
石质
出土自中央高原地区
墨西哥国立人类学博物馆藏

美洲豹无疑是中部美洲文化宇宙观中无处不在的角色。此建筑构件生动地雕刻出一只站立的美洲豹形象。因为其女性特征，有些人称之为“女性美洲豹”。

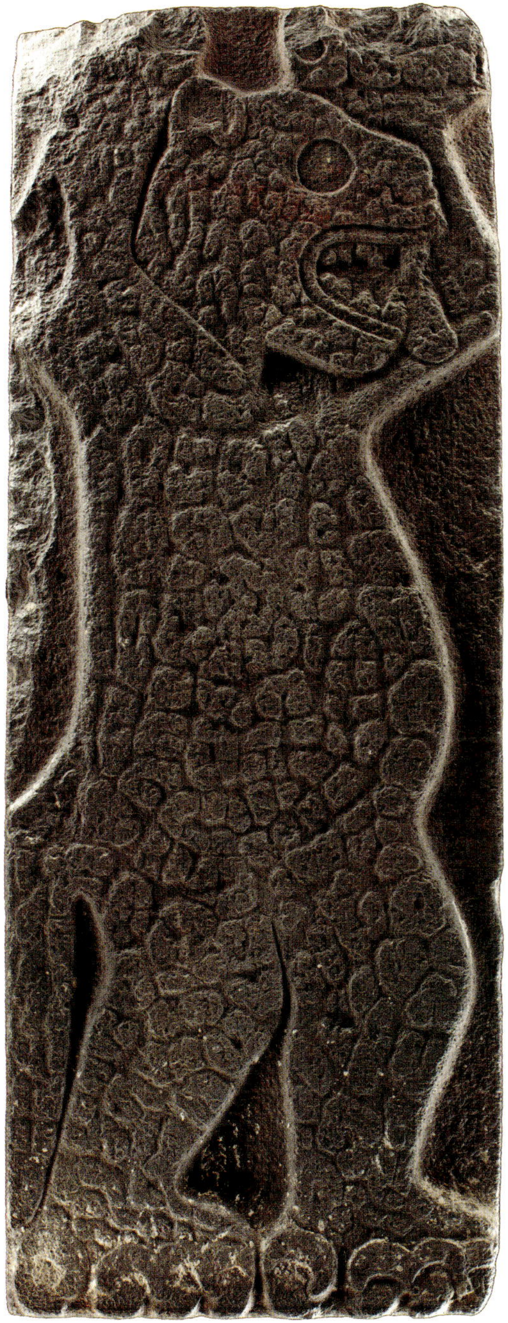

豹首石雕

公元前 1800—前 200 年
高 42 厘米
玄武岩质
出土自塔巴斯科州维曼吉约地区拉文塔遗址
卡洛斯・裴里瑟・卡玛拉人类学博物馆藏

在中美洲的雨林中，美洲豹是具象、威猛的，它们拥有金色带黑斑的毛皮、媲美狮虎的身躯和无与伦比的咬合力，彰显王者气息，深受古墨西哥人的敬畏与崇拜。这件美洲豹石雕虽仅残存豹头部分，但其狰狞的态势、血盆的大口、咆哮的状态，皆彰显和渲染了美洲豹的威严与凶猛。据悉，每一只成年的美洲豹都有自己的领地，它们像其他大型猫科动物一样会咆哮，并以这种方式警告想与自己争夺领地或交配权的对手离开。借由这件高超的石雕艺术品可见美索亚美利加各个时期的美洲豹形象充分表现了创造者们对这种猫科动物习性的细心观察。

①

豹形石雕

公元 200—750 年
①高 22 厘米；②高 7.1 厘米
石质
出土自特奥蒂瓦坎古城遗址
特奥蒂瓦坎考古遗址博物馆藏

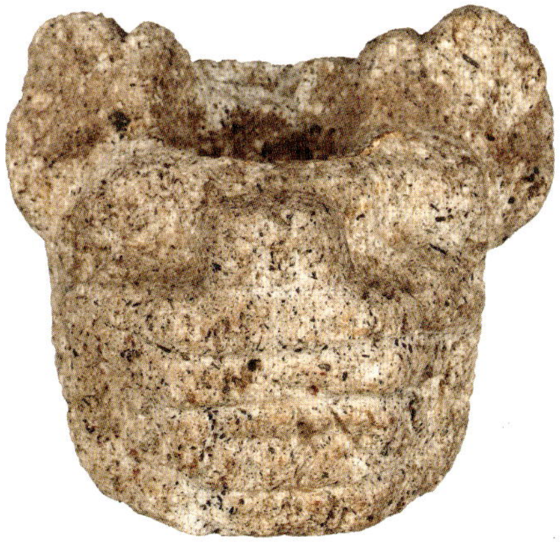

②

①② >>> 这两件豹形石雕发现于特奥蒂瓦坎文化遗址，生动地再现了美洲豹的形态，是对美洲豹崇拜的具象体现。其中一件美洲豹呈坐立状，遒劲的利爪象征着美洲豹的力量；另一件刻画了美洲豹的头部，其脸部特征较为抽象。有学者认为美洲豹的头颅是一种图腾形象，可能是贵族用以祭祀和表示身份而随身携带的物件，是身份等级的象征。

豹形石雕旗座

公元 900— 1250 年
高 87 厘米，长 46 厘米，厚 50.5 厘米
石质
出土自伊达尔戈州图拉
墨西哥国立人类学博物馆藏

这件雕像为豹首、人身，双目圆睁，张口呲牙，呈坐立状，是“豹人”的另一种形态。豹的背部还有小孔，可插入旗子。此类美洲豹雕塑多置于公共建筑和宗教场所旁，既作为守护神，也用以插放旗帜。但这件石雕可能是祭祀用的托盘容器，豹人头上可以放置盛装祭品的盘子，背上的小孔可插入捆着小布的旗子。

图拉，传说中的托尔特克之都，是一个由多民族组成的混合聚居区。据记载，图拉城建于 968 年，于公元 1000—1150 年间达到鼎盛，建筑布局深受特奥蒂瓦坎的影响，核心位置是仪式区。考古发现证实图拉曾生活着富有天才和创造力的艺术家，在这里，不同民族文化的交汇融合发展出了一个新文明——既“文”又“武”的托尔特克文明。

豹形石祭坛（残件）

公元 1325—1521 年
豹头高 38 厘米，长 50 厘米，厚 42 厘米
豹腿高 63 厘米
石质
出土自墨西哥城大神庙遗址
大神庙博物馆藏

这是一件由玄武岩雕刻而成的美洲豹造型石刻艺术品，被阿兹特克人用于祭祀仪式，原件背部有一个深度达 20 余厘米的凹洞，据说是用于盛放人类心脏的容器。它的名称来源于纽亚特尔语，意为“鹰葫芦碗”。

阿兹特克人的宗教观、世界观深受托尔特克人的影响，他们相信要想维护宇宙的正常运转，就必须给太阳神祭献活人的心脏，认为这是太阳神向人类索取心脏以补充能量的一种提示。对于阿兹特克人来说，无论是作为献祭的牺牲，还是献祭的执行者祭司，“活人祭”都是一种崇高且神圣的宗教仪式。

JAGUAR

豹人神话

美洲豹与人类的神秘融合

古代墨西哥人深信，他们与美洲豹之间不仅存在着血缘关系，更是分享了美洲豹的力量和智慧。基于这种深刻的信念，古代文化中孕育出了“豹人”的概念，象征着人类与美洲豹之间神秘而强大的融合。“豹人”形象，以杏仁形的眼睛、下垂的嘴唇和裂开的头部为主。

① 人形豹人玉雕像

公元前 1200—200 年
高 36 厘米，长 26 厘米，厚 22 厘米
玉质
出土自韦拉克鲁斯州南部
哈拉帕人类学博物馆藏

①②③ > > > 这组豹人雕像外表亮丽，形象生动逼真，风格独特。就造型来说与“婴儿脸”造型陶塑相似，都是典型的奥尔梅克文化豹人形象，只是时代稍晚。这组雕像人物都拥有圆润的脸庞，向下弯曲的嘴角，肿胀的狭缝状眼睛以及梨形头部。怪异的梨形头颅是对美洲豹的一种夸张、拙朴的模仿。雕像庄严的表情、僵硬的动作更是营造出神秘气氛。奥尔梅克人将美洲豹和人的特点糅合在一起的雕像创作，是一项长期不断发展的实践过程，由此也创造出更加抽象的豹人形象。

人形豹人玉雕像

② 人形豹人玉雕像

公元前 900—前 400 年
高 12 厘米，长 12 厘米，厚 4 厘米
玉（石质）
出土自韦拉克鲁斯州南部
哈拉帕人类学博物馆藏

③ 人形豹人玉雕像

公元前 900—前 400 年
高 20 厘米，长 8 厘米，厚 4.7 厘米
玉（石质）
出土自韦拉克鲁斯州南部
哈拉帕人类学博物馆藏

豹人石雕像

公元前1200—前900年
高49厘米，长33厘米，厚39厘米
石质
出土自韦拉克鲁斯州萨尤拉德阿莱曼市辖区拉邦湾遗址
哈拉帕人类学博物馆藏

奥尔梅克人通过多种媒介获得了雕刻家的美誉，雕刻的尺寸千差万别，从不超过成人拇指长度的小人像到重量超过50吨的巨大王座或祭坛。他们中最为出名的雕刻就是巨石头像。此件石雕像即是典型的奥尔梅克人头像，展现了一张半人半猫科动物的脸，被称为“美洲豹人”。它眼睛深邃，眼睑深凹，嘴唇突出，张开大嘴露出凶狠的獠牙。其头饰由下面非常宽的带子和上面的帽子组成，两条饰带从两侧垂落，遮盖住耳朵，继续延伸到下颌处。这种头盔样的帽子，大多数的学者认为可能是球员的护具。

豹人首玉雕

公元前 1200—前 400 年
高 15 厘米，长 11.5 厘米，厚 2 厘米
玉质
出土自墨西哥湾沿岸地区
卡洛斯·裴里瑟·卡玛拉人类学博物馆藏

这件变形豹人头像首玉雕是祭祀仪式上的礼仪用具，它具有猫科动物特征的人脸造型：头骨畸形，宽鼻子，厚嘴唇或嘴角向下的厚嘴唇，面部以侧面形象表现。豹眼、豹嘴以及凸出变形的后脑都是典型的奥尔梅克文化风格。眼睛和边缘处的孔洞，可以使其固定在某处，并应用于礼仪场合。在奥尔梅克文化的遗址中发现有很多种类型的玉斧和面具，这种绿石玉斧和面具经常出现在豪华祭祀中，在某些仪式上可能作为装饰物使用。

豹人玉雕

公元前 1200—前 400 年
高 14 厘米
玉质
出土自塔巴斯科州维曼吉约地区拉文塔遗址
卡洛斯·裴里瑟·卡玛拉人类学博物馆藏

奥尔梅克时期的人们对雕刻工艺掌握得十分娴熟，因此出土于这一时期的玉雕、面具等工艺品都具有生动形象的造型、精湛细腻的手法及质朴古拙的风格。在他们的精神世界里，美洲豹等动物形象都被赋予了神圣的色彩。这件豹人石雕虽然基本呈人形，但在细节上均糅合了美洲豹的特点，如后脑明显突出，头顶有“V”形凹槽，大大的杏仁眼，怪异的嘴形，尾巴置于身后，以及模仿美洲豹的坐姿等。

豹人石祭坛

公元前 1200—前 400 年
高 95 厘米
玄武岩质
出土自塔巴斯科州维曼吉约地区拉文塔遗址
卡洛斯·裴里瑟·卡玛拉人类学博物馆藏

拉文塔遗址出土的这件祭坛上面的浮雕和立体装饰与人类和美洲豹的形象有关，展现的是一个蹲伏着的两者的混合体：鼻子扁平，嘴唇丰满，具有奥尔梅克人的典型面部特征。其嘴部的獠牙更多强调的是美洲豹的特征与神性，是美洲豹崇拜在奥尔梅克文化艺术中的典型体现。此件器物不仅反映奥尔梅克人高超的雕刻技术和审美观，亦象征着统治者、部落酋长或祭司的权威，也有学者认为它很可能是王座。

豹人石雕像

公元前 1800—前 200 年
高 93 厘米，长 72 厘米，厚 80 厘米
玄武岩质
出土自塔巴斯科州维曼吉约地区拉文塔遗址
卡洛斯・裴里瑟・卡玛拉人类学博物馆藏

奥尔梅克人创作了众多以美洲豹为原型的雕塑和图画，对美洲豹进行拟人化的表现是奥尔梅克工艺最为突出的特色。这件豹人石雕像有着典型的人类形态和夸张的面部特征，盘腿而坐，下巴突起，龇牙咧嘴，仰头向天。整件雕像呈现了一个人正在向强大的美洲豹转化的过程，抬头仰望天空的姿势或许表示正在祈求雨水的到来。

豹人石雕像

佩戴美洲豹头饰的豹人首石雕

公元前 1200—前 400 年
高 68 厘米，长 50 厘米，厚 51 厘米
石质
出土自塔巴斯科州维曼吉约地区拉文塔遗址
卡洛斯・裴里瑟・卡玛拉人类学博物馆藏

这件石雕是一个带着美洲豹冠饰的人物头像，他的鼻子扁平，嘴唇厚大，嘴角下弯，面部具有明显的奥尔梅克人物雕像特征。从头像两侧的装饰来看，此人有着非凡的地位与权势，应当是一位受到美洲豹庇佑与恩宠的首领。美洲豹是力量和智慧的象征，是显示权威的手段。奥尔梅克人认为佩戴有美洲豹面容的头饰，就可以转化成美洲豹，从而获得力量，加持手中的权力。

JAGUAR

超凡守护

美洲豹赐予力量

美洲豹的形象和其所代表的力量，在古代墨西哥社会中被高度尊崇，人们相信穿戴豹皮和佩戴美洲豹饰物能够让他们接近美洲豹的神奇能力。通过模仿美洲豹的外形和行为，古人希望获得其超凡的力量，以保护社群免受邪恶力量的侵扰，保证狩猎和战斗的成功。

美洲豹战士石雕头像

公元1—650年
高21.2厘米，长16厘米，厚16厘米
石质
出土自墨西哥湾海岸
墨西哥国立人类学博物馆藏

这件石雕表现的是头戴豹首形头盔的战士。古代中美洲文化区的人认为战争属于宇宙黑暗冰冷的一面，而这正是美洲豹的属性之一。美洲豹勇敢、机智、凶猛、灵敏等特点是每一位统治者和战士梦寐以求的品质，人们相信美洲豹是战士的祖先，是保佑战士获得胜利的战神。战士们头戴豹头形头盔、身披豹皮是中美洲文化古老而普遍的传统。此外，战鼓等武器装备往往也涂绘着豹纹。

豹人首石雕

公元 200—600 年
高 17.5 厘米，长 12 厘米，厚 13.3 厘米
石质
出土自韦拉克鲁斯州中部或瓦哈卡州北部
安帕罗博物馆藏

古典时期，墨西哥湾沿岸最重要的文明在韦拉克鲁斯中部形成，其主要的仪式中心就是埃尔塔欣。这一神秘文明最突出的特色是球赛，在埃尔塔欣至少发现了 11 个球场，数量远超中美洲其他地方。这种仪式性球赛让韦拉克鲁斯中部地区的文化传遍了整个中美洲，而与仪式球赛最密切相关的艺术品是一系列技艺极为精湛的石雕。此件石雕有两个基本特征：头上的冠和颈部的角形切口，石雕上的“冠”为一个动物头像，可能是一只美洲豹。除此之外，据考古发现的球赛相关的石质仿制品，球场设备中还包括“轭”“掌状石”等，原件皆是以皮革、木材等制成。研究者认为此外还有一种马蹄形“轭”是球员佩戴的厚实的保护皮带的复制品，而细长的“掌状石”可能是胸甲的复制品，插在轭里面。

肩负美洲豹的豹人陶俑

公元 600—900 年
高 76 厘米，长 34 厘米，厚 24 厘米
陶质
出土自韦拉克鲁斯州埃尔萨波塔尔遗址
哈拉帕人类学博物馆藏

米斯特克人以创作烧制各种大型陶偶而著称，而最著名的陶艺中心便是埃尔萨波塔尔。这尊写实性陶俑塑造了一个衣着素雅的人物形象，他的右侧手腕和头部都配有装饰。最引人注目的是在他的右肩上趴着一只口吐舌头的美洲豹形象。陶俑人物神态安然，人与豹和谐统一。根据墨西哥古代文化的特征，这只美洲豹很可能是此人的守护神。我们或许可以猜测，此人可能在出生之初便与美洲豹建立了深厚联系，在其成长过程中，右肩上的美洲豹如影随形，庇佑其成长，成为其最纯粹有力的精神源泉。

兽形豹人陶像

公元 600—900 年
高 25 厘米，长 27 厘米，厚 18 厘米
陶质
出土自韦拉克鲁斯州埃尔萨波塔尔遗址
哈拉帕人类学博物馆藏

后古典时期，韦拉克鲁斯的埃尔萨波塔尔地区曾出土了一大批陶土雕塑。这件豹人陶塑就是其中之一，时间可以追溯到公元 700 年左右。陶塑以用手捏的方式塑造出美洲豹粗硬的皮毛。豹人侧目张望，獠牙外现，肘放在膝盖上，露出巨大的爪子，眼睛和鼻子涂有黑色颜料。这件豹人形象和姿势比较罕见，所表达的某种寓意尚不知晓。

“婴儿脸”豹人陶塑

公元 1—650 年
长 9.5 厘米
陶质
出土自特奥蒂瓦坎古城遗址
墨西哥国立人类学博物馆藏

将美洲豹和人的特点糅合在一起的造像创作是一项长期不断发展的实践。这种做法早在奥尔梅克文化时期就已出现，特奥蒂瓦坎文化时期亦沿袭此种风尚。而与美洲豹的交流亦是特奥蒂瓦坎文化的主要仪式之一，体现了人们对美洲豹的崇拜，以及对其力量的渴求。

JAGUAR

> > > 迷踪幼颜

奥尔梅克的“美洲豹宝宝”

在奥尔梅克文化的造型艺术中，一种带有显著“婴儿脸”特征的小雕像独树一帜，成为该文化的标志性风格。这些雕像，以其圆润的婴儿面庞、丰满的身体、下垂的嘴唇、呈缝隙状的肿胀眼睛以及梨形头部吸引着每一位观者的目光。被迈克尔·D. 科等学者称为“美洲豹宝宝”的这些雕像，可能体现了古代人类与这一神圣生灵深刻的精神联系。

“婴儿脸”豹人陶塑

公元前 1200—前 900 年
高 10 厘米，长 7.5 厘米，厚 6.5 厘米
陶质
出土自韦拉克鲁斯州胡安 · 罗德里格斯 · 克拉拉市辖区特赫达进步城遗址
哈拉帕人类学博物馆藏

这类“婴儿脸”造型的陶塑具有典型的奥尔梅克文化风格：丰满的身体，婴儿般的圆脸，向下弯的嘴巴，肿胀的狭缝状眼睛以及梨形的头部。这些形象是美洲豹拟人化的表现，美国考古学家、人类学家麦克 · D. 科称之为“美洲豹之子”。变形的头部由人为的颅骨变形导致，显示了它的超自然力。通常，他们还戴有与奥尔梅克巨型石雕像一样的紧绷头盔。

比较美洲豹的头颅和一个经过了如此变形的人的头颅，就能够发现两者之间存在的对应关系和高度的相似性。因此，学者们相信，如此改变头型或许是为了使个人从体貌上更接近美洲豹。

“婴儿脸”豹人陶塑

公元前 1200—前 400 年
高 35 厘米，长 31.5 厘米，厚 19.5 厘米
陶质
出土自韦拉克鲁斯州
墨西哥国立人类学博物馆藏

“婴儿脸”或“童面人”的样貌结合了奥尔梅克人的特点，其姿态通常遵循某种意义的程式，面部则多少有些表情的变化。它们主要表现的是席地而坐的儿童形象，但是头颅都超常的狭长。这些陶俑往往涂白，姿态相近而表情稍异，有微笑或哭泣的不同，但通常不表现性别。从总体看，它们都出色表现了胖孩子的可爱形象，惹人喜爱，反映出成熟艺术模式背后的长期探索。

“婴儿脸”豹人陶塑

公元前 1200—前 900 年
高 26 厘米，长 21 厘米，厚 12 厘米
陶质
出土自莫雷洛斯州瓜卢皮塔
墨西哥国立人类学博物馆藏

前古典时期，中央高原是当地原住民最早建造金字塔及神庙的地区，这里还有将死者埋葬在居所地下的风俗。彼时，该地区的陶艺技艺发达，风格成熟。一些出土于今墨西哥城周边地区的蒂科曼、埃尔阿尔博利略、萨卡滕科、特拉蒂尔科、奎奎尔科、瓜卢皮塔、特拉帕科亚等地的陶俑和陶塑都是丧葬之物。

这件陶塑即出土于该地区范围内，既有人类的形体，又兼具明显的美洲豹特点，生动可爱，几乎将当时生活的方方面面和审美情趣都活灵活现、有声有色地展示在今人眼前。豹人陶俑变形的头颅是其作为冥界之神、黑暗之神的标志，也是权贵们区别于芸芸众生、突出自己美洲豹血统的依据。一旦与美洲豹相同，他们就成了不平凡的人，不仅统治、掌控着人类社会，也掌控着大自然中的蛮荒世界。他们能够进入到动物活动的各种自然环境中，从象征意义上说，他们控制着宇宙的所有层面。

“婴儿脸”豹人陶塑

公元前 1200—前 900 年
高 18.5 厘米，长 10.5 厘米，厚 14 厘米
陶质
出土自韦拉克鲁斯州哈拉帕市辖区圣佩德罗山丘
哈拉帕人类学博物馆藏

这件陶塑是一件空心塑像，有着奥尔梅克人标志性的娃娃脸：大头、变形杏仁眼。其极具洞察力的双目似在观察友军动态，张大的双唇仿佛发出阵阵口号。所戴的皮质头盔表明他正在参与一场橡胶球赛。

橡胶球运动在墨西哥具有娱乐和宗教双重目的，对于整个中美洲地区的文化都非常重要。在西班牙人到来之前的几个世纪中，墨西哥人持续进行着这项运动，至今依然如此。

JAGUAR

无处不在

美洲豹在墨西哥古代文明中的全面显现

古代墨西哥人对美洲豹这一神圣生灵的深厚崇拜，使得其形象遍布于他们的祭祀用品、艺术品、建筑和日常用品之中，成为连接人类、自然与神性的强大符号。美洲豹的形象在祭祀用具上尤为常见，这些物品不仅是宗教仪式中不可或缺的部分，也通过精美的工艺展现了人们对美洲豹神性属性的敬仰。

祭祀用豹首三足陶盘

公元 650—900 年
高 12.5 厘米，直径 35 厘米
陶质
出土自坎佩切州海纳岛
墨西哥国立人类学博物馆藏

古典时期的玛雅陶器中与宗教有关的祭祀器皿占多数。此陶盘即为盛放祭品的容器，是一件带有美洲豹形象的祭礼器，可以为玛雅神灵运送食物。

祭祀用豹形陶火盆

公元 200—600 年
高 22.8 厘米，长 21.5 厘米，厚 31.5 厘米
陶质
出土地点不详
恰帕斯地区博物馆藏

陶火盆是祭祀典礼中用来点火、发烟的器具。与其他祭祀祭器一样，它们也带有美洲豹的形象。世界各地的宗教仪式普遍用烟雾增强仪式的神圣与神秘感。人们认为缥缈上升的烟雾是沟通人间和神界的媒介，是传达人类祈祷与企盼的信使。烟雾造成的朦胧感，也将仪式打造成一个酷似天上云间的仙境。

祭祀用豹纹陶瓶

公元 200—900 年
高 6 厘米，长 6.5 厘米，厚 3.5 厘米
陶质
出土自坎佩切州海纳岛
卡洛斯·裴里瑟·卡玛拉人类学博物馆藏

这种扁平的迷你陶瓶在玛雅地区的许多遗址中被发现，形状和大小不一。推测其应是祭司祭祀时用来盛放物品（水）的。这种小瓶顶部或底部的侧面均有孔，表明它们是很有可能是为了悬挂而制作的。瓶上描绘了相同的口吐长舌的美洲豹图像，显示它们应该产自同一地点，或者使用内容相同。美洲豹是古墨西哥人祭祀中最常运用的动物之一，用于人与地下世界的连接。

豹形祭祀用石板

公元200—600年
高31厘米，长100厘米，宽42厘米
石质
出土自韦拉克鲁斯州
哈拉帕人类学博物馆藏

这件豹形石板是祭祀典礼中用于盛放祭品的器具，与其他祭拜美洲豹的祭器一样，此件石板也带有美洲豹的特征。石板的雕工大开大合，用简单的线条勾勒出美洲豹生动活泼的形态。

化身美洲豹战士纹陶罐

公元 900—1250 年
高 13.6 厘米，长 12.7 厘米，厚 16.4 厘米
铅釉陶
出土自中央高原
墨西哥国立人类学博物馆藏

这件陶罐是一种盛水容器，器表为橙黄色，器壁较薄，大部分经过磨光，是中美洲制陶技术的杰出之作。这种陶器被称为“普鲁姆巴特”，即铅釉陶。其作为商贸货物深受追捧，特别是托尔特克人制作的铅釉陶，在中美洲地区广为传播，影响较大。“普鲁姆巴特”这个名字似乎暗示陶器胎土中含有铅，实际上，这一称呼只是描述陶器表面如金属般闪亮的光泽。

值得注意的是，这只豹形陶罐上，一张人脸正从美洲豹的口中探出，可能寓示着这位统治者或者精英人士化身美洲豹的过程。

美洲豹战士彩绘陶盘

公元 200—750 年
直径 32.2 厘米
陶质
出土地点不详
恰帕斯地区博物馆藏

这件玛雅文化的陶盘彩绘了一位身披美洲豹豹皮的战士，红色部分的美洲豹作为一个强大的守护神包裹住了黑色部分人类脆弱的身躯，黑色与红色的运用区分了战士的肉体与精神。在周围花纹的映衬下，美洲豹战士似乎被置于特写镜头下，蓄势待发。

古墨西哥文化中，为获取或增强特殊能力，战士们常选择代表大地与地下世界的美洲豹或翱翔于天空的雄鹰作为自己的形象，通过参加战斗来展示和证明自己的品格与能力。在鹰羽和美洲豹皮的武装下，他们坚信守护神的力量正在通过这些装饰传递至内心，勇气和力量正在被激发。

祭祀用陶香炉架

公元200—900年
高74厘米，长53厘米，厚53厘米
陶质
出土自恰帕斯州帕伦克
卡洛斯·裴里瑟·卡玛拉人类学博物馆藏

这件玛雅文化的香炉架上部为美洲豹头像，下部为地下世界太阳神。两位神灵形象出现在同一件器物上，彰显了美洲豹超自然的力量，也烘托了宗教仪式的神圣氛围。祭祀仪式中，燃烧着的香火、食物、饮料、祈祷、音乐和舞蹈都被用于献祭，以此滋养、供奉神灵，并祈求神灵施予恩惠。香炉架被用来盛放燃烧的熏香和树脂。人们通常会在祭祀活动中将燃烧着树脂的碗放置在香炉的顶部来与祖先和超自然领域的神灵进行沟通。巨大的雕塑和四溢的香烟就是祖先与生者沟通的载体。

祭祀用陶香炉架

公元 600—900 年
高 43.5 厘米，长 30 厘米，厚 25 厘米
陶质
出土自塔巴斯科州塔科塔尔帕洞穴
卡洛斯·裴里瑟·卡玛拉人类学博物馆藏

这件陶制香炉架塑造的是一个直立的拟人形象：人物脸部面容简化，眼睛上戴有与中美洲雨神相关联的眼罩，宽大的嘴巴中间有三条大舌头，两边的舌头可能与獠牙有关。头部两侧戴有羽毛头饰，耳饰为圆形。他的服饰设计得非常精致，穿着一件看似由羽毛制成的披风，所佩戴的装饰物垂至膝盖处，腰上还系有一条几何图案的优雅围裙。脚踝上戴有由两条皮带制成的脚镯。根据以上特征，我们推测其可能是一位身着水神特征服饰的祭司，应与洞穴里的水下世界有关联。

祭祀用陶香炉架

公元 600—900 年
高 42.5 厘米，长 24 厘米，厚 17 厘米
陶质
出土自塔巴斯科州塔科塔尔帕和塔皮珠帕洞穴
卡洛斯·裴里瑟·卡玛拉人类学博物馆藏

这件陶香炉架塑造了一个直立的拟人形象，脸部为简化的猫科动物面容，可能是美洲豹。头上戴着一种类似头巾的装饰，后颈突出了两条装饰有刻痕线条的侧带，耳朵上戴着三角形的植物形状耳坠。身着羽毛披风，腰围几何图案围裙。颈戴一根编织的绳子，胸前还系着一个大的圆形胸针，下垂的两条条带上装饰有刻痕线条。脚踝上佩戴着由两条皮带制成的嵌有圆形装饰的踝饰。根据以上特征，学者推测其可能是一位主宰地下世界的神明。

JAGUAR

神圣介质

古代墨西哥的美洲豹面具

在世界各地古代文明的丰富传统中，面具因承载着深远的文化和宗教意义，呈现出更为丰富且深刻的艺术含义。古代墨西哥文明中，面具的使用尤为广泛，不仅作为一种强大的象征工具连接凡人与神灵的世界，还作为一种神圣介质，通过仪式和庆典来消弭灾祸，祈求祝福。

①

②

①② 水纹石面具

公元 1325—1521 年
①高 14.5 厘米
②高 14 厘米
石质
出土自墨西哥城大神庙考古遗址
大神庙博物馆藏

①② > > > 大神庙遗址出土了多件类似的面具，多表现出冷峻、严肃的表情。这组面具艺术品可能在大神庙的雨神祭祀仪式中作为供奉的祭品使用。类似的这种祭品多出土于墨西哥金字塔下，它们具有强烈的象征意义，与天、地、水都有紧密的联系。

人脸豹人陶面具

公元前 1200—公元 400 年
高 17.3 厘米
陶质
出土自墨西哥西部
安帕罗博物馆藏

这件陶制面具雕刻手法较为概括，但却有着奥尔梅克时期人物的典型特征：厚唇，鼻梁矮而宽，面庞较扁。古代统治者或精英们死后，遗体在入土之前都要戴上面具，目的是让逝者能够顺利走完生死轮回之路，佩戴面具以抵抗不利因素的侵扰。

人脸豹人玉面具

公元前1200—前400年
高10厘米，长85厘米，厚2.5厘米
玉（石质）
出土自墨西哥湾沿岸地区
卡洛斯·裴里瑟·卡玛拉人类学博物馆藏

在古老的奥尔梅克文化中，流传着将美洲豹与人类联系起来的神话传说，并创造出许多糅合二者特点的艺术形象。为了体现这些艺术品的神圣与高贵，奥尔梅克人使用了玉、贝壳等多种珍贵的原材料。这些物品为奥尔梅克社会中的统治者和精英人士所使用，并作为其政治和意识形态的重要部分。他们会将用珍贵材料制作而成的面具放在故去贵族的脸上，与其他珍品一起下葬。这件玉质面具具有奥尔梅克文化独有的特征：杏仁形的眼睛，向下弯曲的嘴角，宽鼻子和紧锁的眉头，嘴巴微微张开，表情严肃。

人脸豹人玉面具

公元前 1200—前 400 年
高 10.5 厘米，长 8 厘米，厚 5 厘米
玉（石质）
出土地点不详
卡洛斯·裴里瑟·卡玛拉人类学博物馆藏

在整个中美洲发现许多与奥尔梅克文化相关的面具，它们有可能是统治者、精英或重要人物的肖像，往往是杏仁眼、眼、宽鼻、厚唇和下弯的嘴角。这些面具通常由翡翠、蛇纹石和片岩等绿色石材制成。耳垂上的穿孔是用于挂吊坠耳环的。这种半宝石面具，是前古典中期阶段最重要的奢侈品之一，在古墨西哥和中美洲文化区被广泛地交易买卖。

美洲豹陶面具残件

公元 200—900 年
高 21 厘米，长 22 厘米，厚 14 厘米
陶质
出土自瓦哈卡州阿尔班山遗址
卡洛斯·裴里瑟·卡玛拉人类学博物馆藏

陶制美洲豹面具残件，豹口獠牙外露，口吐长舌，眉心隆起，双眉突出，眼睛由从内向外凸出的两个洞口制作而成，是阿尔班山地区萨波特克人制造的具有高超技艺的陶质艺术品。在祭祀仪式中，祭司头戴美洲豹面具，仿佛可以化身为美洲豹，具有超自然的力量。

JAGUAR

传承与延续

现代墨西哥文化中的美洲豹信仰

在丰富多彩的墨西哥文化宇宙中，美洲豹不仅是古代文明流传至今的文化遗产，更是现代生活中不可或缺的神圣守护者。历经千年，对美洲豹的崇拜一脉相承，持续地在墨西哥社会中发挥着其独特的精神和文化作用。

美洲豹面具

现代

高 34 厘米，长 27 厘米，厚 20 厘米

墨西哥国立人类学博物馆藏

美洲豹面具

现代

高 44 厘米，长 23.5 厘米，厚 27 厘米

墨西哥国立人类学博物馆藏

美洲豹面具

现代
高 45 厘米，长 47 厘米，厚 21.5 厘米
墨西哥国立人类学博物馆藏

美洲豹面具

现代
高 23 厘米，长 20 厘米，厚 17 厘米
墨西哥国立人类学博物馆藏

美洲豹面具

现代
高 44.2 厘米，长 23.2 厘米
墨西哥国立人类学博物馆藏

美洲豹面具

现代
高 37.5 厘米，长 29.4 厘米，厚 18.6 厘米
墨西哥国立人类学博物馆藏

美洲豹面具

现代
高 64 厘米，长 34.5 厘米，厚 19 厘米
墨西哥国立人类学博物馆藏

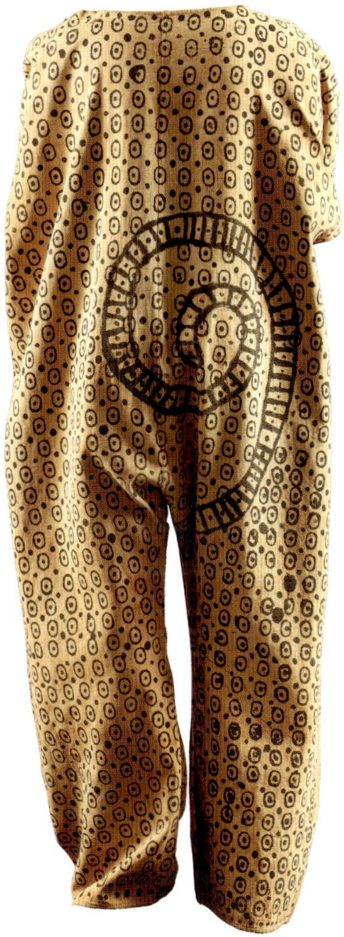

美洲豹服饰

现代
高 130 厘米，通袖长 174 厘米
墨西哥国立人类学博物馆藏

学术专文

寻踪美洲豹：墨西哥古代文明

亚历杭德罗、何塞、娜塔莉娅

中美洲对美洲豹的崇拜长达3000年之久，这段漫长的历史见证了中美洲文明的蓬勃发展。美洲豹的形象被雕刻、描摹、塑形和绘画，呈现在石头、泥土和壁画之中。人类与自然相互交织的关系，是这一现象存在的根本原因。这种美洲豹崇拜体现了人们对气候变化的认知。人们通过对天空中星星运动的观测来了解气候，同时利用这种认知来决定人类工作的节奏。在墨西哥的土著地理环境中，广袤的植物和动物的多样性，塑造了美洲豹的主导地位，因此美洲豹被誉为“伟大的动物领主”。墨西哥的原住民，从这片美洲豹主宰的自然环境中汲取了生活的智慧。在美洲豹崇拜的漫长历史中，美洲豹在健康与疾病的关系中扮演主导角色，从而影响生与死的判定。而决定生死的因素，则是它领地的丰饶程度。

在中美洲，人们对于土地、丰收和气候现象相关神灵根深蒂固的崇拜，构成了古代和现代人们生活的精神纽带。作为一个独特的文化区域，其显著特点是玉米种植以及米尔帕（Milpa）农业系统，其中，玉米更是构成了日常饮食的核心。在这样的文化环境中，美洲豹被赋予了特殊的象征意义，它成为了水源和种子的主宰者。因此，它在诸多阐释人类起源的神话中占有一席之地，并在与农耕周期相关的仪式中担任重要角色。

美洲豹的意象可以从三个维度进行理解：首先，它是水和种子的守护者；其次，它被尊奉为动物的领主；第三，它是被赋予权力的凡人的精神实体。通过这三重视角，我们得以探寻美洲豹在墨西哥丰富多样的生态文化中的投影。古代社会已成为历史，但这些社会创造出的艺术品流传至今，诉说着古代中美洲文明的故事。在这个展览中，我们将通过这些艺术品，从“水”“玉米”“身体”这三个维度，探索中美洲文明的美洲豹。

美洲豹与水

在中美洲世界观中，美洲豹是丛林中最凶猛的动物。作为山的主人，它是地下财富和野生动物的掌控者。水对中美洲人民至关重要。因此，在他们的信仰体系中，美洲豹与水有着密切关联，这在雨、风暴和闪电之神——特拉洛克的形象中得到了具象体现。中美洲的各个民族都对美洲豹怀有深深的崇敬，并为之提供丰厚的供品和祭品，因为他们相信，美洲豹也掌管着洞穴中的水源。

在塔巴斯科和恰帕斯地区的古代索克人艺术中，“地下世界的太阳——美洲豹”的形象体现了人们对洞穴的重要崇拜，他们将洞穴视为通往神圣领域的入口。香炉上方的人形形象描绘的是一个融合了人类与美洲豹形态的生物，其特征包括美洲豹的耳朵、下颚和爪子。这些塑像往往立足于一个与洞穴生物关联的神奇生物之上，如蝙蝠、鱼类，以及神秘的“睡莲怪兽”（神灵形象陶香炉架）。

奥尔梅克的石雕艺术家们娴熟地将绿色的硬石雕刻成精美的艺术品，以此彰显对水的崇拜。他们塑造的人物通常具有典型的颅骨变形特征，比拟着美洲豹的颅骨形状；他们还巧妙地在雕刻中刻画出“V”形沟壑，象征玉米生长的犁沟。他们模仿美洲豹的特征，给人物的面部赋予细长上挑的眼睛和两端向下的嘴唇。那张敞开的嘴象征着洞穴的入口，既是水的源头，也是人们贮存食物的地方（装饰有“V”形沟壑的翡翠护胸牌）。

美洲豹与玉米

中美洲文明发源于玉米，随着玉米的驯化，一个全新的世界被创造出来。在神话起源中，神灵扮演着关键角色，他们创造出一轮又一轮的太阳，又一次次地将它们摧毁。直到第五次创世，托纳蒂乌（Ollin Tonatiuh）——运动的太阳——终于形成，标志着第五个太阳纪的来临。这一纪元的人类诞生于先人的骨头和神祇克察尔科阿特尔（Quetzalcóatl）的血液。神话中记载，克察尔科阿特尔化身为黑蚂蚁，为人类找到了红蚂蚁藏匿玉米的地方。有了玉米，生命和文明得以延续。在中美洲艺术中，诸多神灵的形象被塑造、雕刻，永世留存。玉米植株、玉米棒和玉米粒的图像常常出现在神祇的造型中，尤其是头部，象征着他们与土地和水的紧密联系，也与旱季和雨季的循环交替息息相关。

在奥尔梅克艺术中，美洲豹的塑像必须展现以下猫科动物的特征：张开的大嘴、有力的獠牙和火焰般的眉毛。在这件作品（装饰玉米田纹饰的人形石雕）中，我们可以观察到它额头中央的“V”形沟壑，这与山地有关，因为山是丰饶的象征，也是种子的储藏地。在中美洲信仰里，阳光洒过土地，留下沟壑般的印记，使大地变得肥沃。墨西哥农民便仿效太阳的运动，耕耘土地，将玉米种植在沟壑肥沃的土地之中（装饰有“V”形沟壑的豹人首石雕）。

在前文提到的奥尔梅克艺术中，通常会出现一个“十”字图形，可以解读为宇宙的四个方向，同时也代表着玉米地在艺术表达中的符号性转变。

美洲豹与身体

由玉米哺育的人体，是以农业为核心的宗教系统的重要组成部分。在这个体系中，神灵、领地和宗教共同构建了“人”的概念。

中美洲的宗教将人体视为微观的宇宙，它反映了宏观宇宙的特性和规律。在伴随着种植玉米的周期的各种农耕活动和宗教仪式中，人们在身体感受和生活经验中体验到创世神话所描述的世界和生命的特性，了解到宇宙的规则。同样的，大自然的规律和季节的更替也与人类的生命周期密切交织，共同构筑了中美洲人对宇宙的理解，这为中美洲的象征性艺术创作提供了坚实的基础。

在中美洲的观念中，人体不仅是肉体，更是精神本质的载体，这些元素共同构成了“存在”的定义。在“身体”这个微观宇宙中，人们享受又承受着起起落落的平衡波动，那是内在的小宇宙对宏观宇宙的镜像呈现。

当我们讨论“身体”时，不仅在描述个体的身体，同时也在解读社会中的身体。通过观察他们身体的表现，我们能更好地理解当时的时间和空间，以便去解读社会结构、制度、行为，以及特定场所的功能。

年轻人、老年人、女性、男性、美洲豹的身体都是外部世界的存在，它们融入我们自身的内部世界，与之共存以在外表体现出来。这就是为什么人类会以无尽可能的程度在物质层面上再现向美洲豹的转化。

人体是我们宇宙的核心和总体纽带，是我们感知的中心、思考的发源地、行动的起点，是主权的力量，同时也是激情、惩罚、牺牲和快乐的受益者和受害者。在描绘身体的艺术品中，我们经常能看到塑造出来的统治者形象，正在履行他们的宗教、军事和保护职能。美洲豹的图像是人体造型中的经典图腾，它的形象、姿势以及装束都成为了象征权力中心的符号。

重点展品解读

“寻踪美洲豹：墨西哥古代文明”呈现了150余件（组）精美展品，来自墨西哥合众国的各大博物馆。

在这些展品中，卡洛斯·裴里瑟·卡玛拉人类学博物馆藏展出了48件，内含29件陶器、19件石制品，包括绿石、玄武岩和安山岩。为了突显这个展览的丰富性，我们想要特别介绍一些展品。

祭祀用的豹人首玉斧，描绘了一个具有猫科动物面部特征的权贵人物。这件作品的雕刻和抛光工艺都展现出非凡的技巧，形状和细节也处理得恰到好处。

这件用玄武岩雕刻的头部雕塑（佩戴美洲豹头饰的豹人首石雕），刻画了一个被赋予较高权力的人物。他头戴美洲豹头饰，在美洲豹图腾的庇佑和支持下行使权力。

这是一件精美的彩绘陶钵（祭祀用豹纹陶钵），上面画着美洲豹猎鹿的场景，具有极强的象征性含义，寓意着黑暗与光明、夜晚与白天的斗争。

哈拉帕人类学博物馆为本次展览提供了25件物品，其中10件为陶器，15件是石制品，包括绿石和玄武岩。其中，最具特色的是来自奥尔梅克文化的无性别特征豹人形象（“王子”豹人石雕）。这些工艺成熟的人形塑像刻画了一些神秘的宗教仪式，也展现出被塑造者强大的力量。例如，这件人形雕塑描绘了一个坐姿如美洲豹的人物，表明其身份可能是贵族或是统治者。

雨神特拉洛克陶像，来自韦拉克鲁斯州中部的晚期古典时期，其精美的细节展现出了艺术家高超的技艺。这位艺术家使用泥带制作特拉洛克头饰，并在不扭曲面部表情的情况下嵌入了圆形眼罩，使这个角色显得庄重而深沉，仿佛正处于深度梦境状态。

奥尔梅克雕塑家能够雕刻出具有舞蹈动态的身体，这类形象可能与祈雨节日的仪式有关。仪式中，人们会打扮成美洲豹起舞，以祈祷新一轮种植和收割周期所需的雨水。

在本展览中，这件作品（舞蹈豹人玉雕像）首次与斯伯拉特林博物馆收藏的非常相似的雕塑（舞蹈豹人玉雕像）一同展出。这件玉雕被精心雕刻并抛光，展示了结构严谨的音乐和舞蹈节日的重要性。人们在节日中向美洲豹神祈求丰富的雨水，并帮助他们应对风暴的侵害。此类豹人形象在今天仍被沿用，出现在墨西哥原住民社区的祈雨节庆活动中，我们也可以在墨西哥国立人类学博物馆的民族学收藏中见到相关藏品。

哈拉帕人类学博物馆的藏品也展示了奥尔梅克人在塑造人物面部特征上的卓越技巧，其中婴儿脸人形豹人雕塑就是一个典型例子。这件作品是用名为“高岭土”的白色粘土塑造的，这种材质的主要特点是它浅淡的颜色和高度可塑性。奥尔梅克艺术家创造出的人像与器具常被认为是艺术的杰作，因为它们的真实性和精致程度总能令人惊叹。

安帕罗博物馆慷慨地为本次展览提供了 17 件考古学珍品，包括 10 件陶器和 7 件石制品。其中有一件作品是经过精致雕刻工艺装饰的容器，上面的图案代表着被称为“奥尔梅克风格”的象征性图案——圣安德鲁十字和美洲豹的身体（曲壁玉米地纹陶杯）。

作为国家宝藏库，墨西哥国立人类学博物馆提供了 30 件展品，其中 22 件为考古学文物（包括 15 件陶器和 7 件石制品）和 8 件来自墨西哥各地的民族学物品。

这件立体雕刻的美洲豹雕像，被托尔特克人用作军旗座，代表了美洲豹在他们军事中的重要地位（豹形石雕旗座）。

这件后古典时期早期的陶器，曾被用作奢侈品或者献祭品，器皿上的图案是一位头戴美洲豹头盔的战士（化身美洲豹战士纹陶罐）。

隶属于墨西哥国家人类学和历史研究所的多家博物馆也提供了极具风格和表现力的考古学藏品。墨西哥国家文化博物馆的萨波特克的雨神科西约像陶瓮（祭祀祖先丧葬用陶瓮），以及来自恰帕斯地区博物馆的玛雅古典时期陶碗，都以其精细的造型和装饰工艺，展现了日常生活和宗教仪式的细节。

玛雅古典时期（公元 200—900 年）陶器，可以称得上整个中美洲最引人注目、最华丽、最优雅的陶器。这件名为“身披豹皮战士纹陶碗”的三脚碗，主要元素是一个装饰华丽的人物形象，他的背上覆盖着一张豹皮（美洲豹战士彩绘陶盘）。

大神庙博物馆展出的 13 件藏品，均来自于数十年在墨西卡人（阿兹特克人）最重要的仪式中心——大神庙遗址的考古发掘，包括 4 件陶器和 9 件石制品。

其中最显著的是以不同的风格和材料塑造的雨神特拉洛克这个精心制作的，外部装饰有多种颜色的陶瓶刻画了特拉洛克神的面部。雨神负责给予农田所需的雨水，这就是为什么蓝色在整个画面中最为突出（雨神特拉洛克纹陶瓶）。

墨西卡人将祭品的心脏献给他们的主要神祇以供其享用，并用石雕容器盛放，材质是玄武岩。大神庙博物馆中，“豹形石祭坛”便用于放置心脏，石雕中猫科动物面部上极具表现力的写实风格尤为引人注目。

在特奥蒂瓦坎的绘画艺术中，美洲豹的形象是最具代表性的元素之一，我们可以在许多场景中看到美洲豹的身影，无论是在宗教仪式中还是在自然主义描绘中。特奥蒂瓦坎考古区博物馆展出了15件藏品，其中5件是陶器，5件是石制品，还有5幅精美的壁画，如水生美洲豹和网状美洲豹。这些豹子以侧身面示人，似在不断向前游行，构成整个画面的重心。它们的身体上饰有一系列网状线条，代替了原有动物的斑点，如同一种隐喻（美洲豹形象泥质彩绘壁画、网状美洲豹纹泥质彩绘壁画）。

因此，在动物王国中，美洲豹是最强大的捕食者，处于食物链的顶端。作为狡猾的猎人，美洲豹能够爬树、在河流和湖泊中游泳，亦能在山丘上快速奔跑。它强壮的体魄，使得每一次猛击或狩猎的咬合无人能敌。中美洲艺术家们通过他们的双手和智慧，将对美洲豹深深的崇拜巧妙融入了一件件令人惊叹的艺术品之中（肩负美洲豹的豹人陶俑、兽形豹人陶像）。

JAGUAR, UNTÓTEM DE MESOAMÉRICA

Alejandro González Villarruel, José Luis Rojas Martínez y Natalia Gabayet González

El culto al jaguar durante tres milenios atestigua el desarrollo de Mesoamérica. Su figuración ha sido esculpida, trazada, modelada y pintada, lo mismo en piedra, en barro, que en pintura mural. La razón subyacente de su presencia es la relación entrelazada de la humanidad y la naturaleza, su culto expresa los saberes del clima que marcan los ritmos del trabajo, en sintonía con el conocimiento sobre el movimiento de las estrellas y los planetas del cielo. El jaguar Gran Señor de los animales domina en las geografías indígenas de México y la inmensa diversidad botánica y zoológica en la que habitan y de la que abrevan su sabiduría. En la larga historia del cultor al jaguar, este es protagonista en las relaciones entre la salud y la enfermedad, por tanto en el devenir de la vida y la muerte que depende de la abundancia de los territorios propios.

En Mesoamérica el culto a los dioses vinculados con la tierra, la fertilidad y los distintos fenómenos climatológicos es seminal. Es el axis mundi de los ámbitos de la vida de los pueblos antiguos y modernos. Mesoamérica como región cultural está definida por el cultivo del maíz y el sistema milpa donde crece como núcleo alimentario. El jaguar en este contexto simboliza al poseedor de las aguas y dueño de las semillas, así entonces, está presente en las mitologías que explican el origen dela humanidad y, por lo tanto, se presenta en ritos asociados al ciclo ceremonial agrícola.

Tres aspectos definen al jaguar, por un lado: es el guardián de las aguas y las semillas, en segundo ; se le considera el señor de los animales; y, en tercero, es la entidad anímica de personas investidas de poder. A partir de estas tres narrativas del jaguar, lo hallamos en toda la diversidad ecológica y cultural de México. Debido a que el arte sobrevive a las sociedades que lo crea, nos hemos propuesto explorar al jaguar a través de un prisma de tres caras, el agua, elmaízy el cuerpo.

El jaguar yel agua

En el mundo mesoamericano triunfa el animal más feroz de la selva, el jaguar, señor de la montaña, poseedor de las riquezas subterráneas y de los animales salvajes. Su presencia da cuerpo a valores vitales como el agua y se materializa en Tláloc, dios de las lluvias, tempestades yrelámpagos. Todos los pueblos le profesaron una profunda devoción con grandes ofrendas y sacrificios, pues también controla el agua de las cuevas.

Entre los antiguos zoques de Tabasco y Chiapas, las represent aciones del llamado " Sol jaguar del inframundo ", aludieron a un importante culto a las cuevas, el lugar de acceso al ámbito sagrado. Estos incensarios efigie antropomorfos representan a un ser que mezcla formas humanas con rasgos de jaguar con sus características orejas, mandíbulas y garras. Se sostienen sobre un animal fantástico vinculado con los habitantes de las cuevas, murciélagos, peces y el llamado "Monstruo del Nenúfar ".

Los artistas lapidarios olmecas trabajaron hábilmente diferentes tipos de piedras duras de colores verdosos en una clara asociación al culto al agua. Se representaban a individuos con la característica deformación craneana en alusión a la forma del cráneo del jaguar, la hendidura en forma de "V" que representa la oquedad en la tierra donde crece la plantadel maíz, ojos rasgados y las comisuras de los labios inferiores hacia abajo como el propio animal, estas fauces abiertas simbolizan la entrada de las cuevas, el lugar de los mantenimientos.

El jaguar yel maíz

Lo mesoamericano nace del maíz, pues se crea un mundo conforme a su domesticación. Sobre su origen mítico, son los dioses quienes destacanla creación de una sucesión de soles que aparecen y se destruyen. Es hasta la quinta creación que se forma el Ollin Tonatiuh – solde movimiento. Cuando el hombre se crea con los huesos de los antiguos, mezclados con sangre del dios uetzalcóatl. En la búsqueda de alimento el mismodios se transforma en hormiga negra para hallar donde escondieron las hormigas rojas el maíz. Los dioses serán esculpidos, moldeados y formados con la planta, mazorca y grano, los hallamos en sus cabezas y se asocian con la tierra y el agua, en calendarios estipulados de secas y lluvias.

Para los olmecas, la figuración del jaguar debía representar al felino con fauces abiertas donde inician sus poderosos colmillos y cejas flamígeras. Vemos en esta obra una hendidura en "V " en el centro, que seasocia a las montañas, lugar de la abundancia y recipiente de las semillas. La obra del agricultor repetía mágicamente la acción que realizaba el Sol con sus rayos, pues penetraban la tierra, fecundándola y haciendo el surco.

En el estilo olmeca característico antes mencionado, es común el trazo de una cruz, la cual se ha interpretado como los cuatro rumbos del universo y en su trans guración simbólica en la milpa.

El jaguar yel cuerpo

El cuerpo, nutrido de maíz, forma parte del sistema religioso en torno a la agricultura, en consecuencia, los dioses, los territorios y los rituales definen el concepto de persona.

Las religiones mesoamericanas homologan el cosmos a pequeña escala dentro del cuerpo humano. Así la ritualidad cíclica del tiempo del maíz se experimenta corporalmente a través de la escenificación de los mitos fundadores que determinaron las características del mundo y sus seres. La naturaleza y sus tiempos estacionales se entretejen también con las nociones del cuerpo durante el ciclo vital de una persona. De esta manera, el origen de la producción simbólica se forma apartir de la percepción y cognición sobre el universo enmarcado en el entrelazamiento de los tiempos del ciclo anual y del ciclo de vida.

El cuerpo mesoamericano existe como un envoltorio de múltiples esencias y entidades que en conjunto son la concepción del ser; el vaivén en los equilibrios de ese microcosmos del cuerpo, lo sufrían y lo gozaban en el espejo de su interioridad hacia el macrocosmos.

Vemos aquí el cuerpo individual y el cuerpo social. Al versus representaciones nos clarifica sus formaciones de tiempo y de espacio, son narrativas de los arreglos y las prácticas, también de estructuras institucionales y lugares especícos.

Joven, viejo, femenino, masculino, el cuerpo del jaguar es un ser de ese universo exterior que se incorpora al propio, coexiste y se manifiesta. Es así que la transformación humana en jaguar se reproduce materialmenteen infinitas gradaciones posibles.

El cuerpo humano es núcleo y vínculo general de nuestro cosmos, centro de nuestras percepciones, generador de nuestro pensamiento, origen de la acción, poder soberano, pero también víctima y beneficiario de pasiones, castigos, sacrificios y gozos. Aquí observamos plásticamente la gura de gobernantes, ejerciendo sus funciones, lo mismo religiosas, militares y que de protección. El cuerpo del jaguar es ícono, emblema en el cuerpo humano, su gura y postura, así como atuendo en el centro del poder humano de Mesoamérica.

La hermosa colección que presenta la exposición Jaguar, Tótem de Mesoamérica consta de 154 objetos procedentes de distintos museos de la República Mexicana. El Museo Regional de Antropología "Carlos Pellicer Cámara" exhibe cuarenta y ocho, delos cuales 29 son de cerámica y 19 de piedra (piedra verde, basalto y andesita). Como muestra de la riqueza queremos llamar la atención sobre algunos, por ejemplo, el hachavo tivaantropomorfa de piedra verde, que representa a un personaje de alto rango con rasgo sfelinos. La talla y el pulido son de extraordinaria habilidad con armonía en sus formas y los detalles son ejecutados con precisión, (MCP 1 Hacha votiva antropomorfa de piedra verde.). También, la escultura de cabeza antropomorfa con tocado de jaguar tallado en basalto plasma a un personaje investido de poder, protegido y auspiciados por el jaguar, su tótem (MCP 8 Escultura cabeza antropomorfa con tocado de jaguar tallado en basalto.) oen el maravilloso cajete pintado en el que vemos la escena simbólica de la caza de un jaguar a un venado que simboliza la lucha de la oscuridad y la luz, del sol nocturno y el sol diurno (MCP 41 Cajete con motivos zoomorfos. Cerámica con decoración naturalista policroma.).

El Museo de Antropología de Xalapa ofreció mostrar 25 objetos desu colección, de ellos 10 son de cerámica y 15 de piedra (piedra verde y basalto), destaca la gura humana como elemento de representaciónmás sobresalientes, el hombre con rasgos felinos carentes de órganos sexuales de la cultura olmeca. Las guras humanas modeladas con destreza representan actitudes rituales como trances místicos,además de evidente fuerza física, como lo ejemplifica la escultura tallada en bulto de un alto dignatario o gobernante, sentado como un jaguar (MAX 11 Escultura antropomorfa "Príncipe de Cruz de Milagro ".). Así también, la ejecuciónde un Tlaloc del centro de Veracruz del clásico tardío que muestra el alto grado de habilidad técnica del artista ya que utilizó bandas de barro pararealizar el tocado y colocar las anteojeras sin distorsionar el rostro del personaje de expresión solemne y meditativa, tal vez enun profundo estado de ensueño (MAX 24 Figura antropomorfa personaje con atributos de Tláloc.). El trance chamánico que el escultor olmeca fue capaz de tallar con la definición de un cuerpo en movimiento dancístico, podría estar asociado a la ritualidad durante las festividades de peticiónde lluvias, algunos hombres que participabanenen ellas se caracterizaban de jaguares y danzaban para propiciar las lluvias necesarias para iniciar un nuevo ciclo de siembra y cosecha (MAX 25 Figura antropomorfa danzante jaguar. Piedra.). Esta obra se exhibe por primera vez con una figura muy similar que forma parte de las colecciones del Museo Guillermo Spratling, (MGS 1 Figura antropomorfa danzante jaguar. Piedra.). Delicadamente tallada y pulida es sobresaliente por que nos muestra la relevancia de las festividades, con música y danza bien estructuradas, que se le dedicaban al dios jaguar para pedirle que les favoreciera con abundantes lluvias e intercediera ante las tempestades. Dicha guración de hombres jaguar sesigue haciendo hasta hoy endía en distintos pueblos indígenas de México en el contexto de las fiestas para pedir las aguas como podemos observar en la colección etnográfica del Museo Nacional de Antropología.

Como buenos técnicos en la escultura de la sionomía humana mostramos tambiéndel Museo de Antropología de Xalapa, el Rostro "Baby Face " (MAX 3 Cerámica). Modelado en arcilla llamada "Caolín ", cuya característica principal es su color blanco y alta calidad plástica ; debido a ello, los ceramistas olmecas podían modelar gurasantropomorfas y vasijas que son consideradas obras maestras pues sobresalen por su realismo y delicadeza.

El Museo Amparo de Puebla, tuvo la generosidad de ofrecer 17 objetos de su colecciónarqueológica para la exhibición, 10 de cerámica y 15 de piedra, entre ellos un recipiente modelado y decorado mediante un magistral proceso de esgrafiado para resaltar los motivos iconográficos que identifican al llamado "Estilo Olmeca ", como la cruz de San Andrés y elementos del cuerpo del jaguar (MA 2 Vaso con símbolos abstractos. Cerámica.).

A su vez el Museo Nacional de Antropología, gran repositorio de tesoros nacionales, exhibe 30 objetos, 22 arqueológicos (15 de cerámica y 7 de piedra) y 8 etnográficos de una amplia gama geográfica mexicana, por ejemplo una escultura tallada en bulto, que representa al jaguar como insignia militar ya que la obra fue utilizada por los toltecas como portaestandarte (MNA 7 Portaestandarte zoomorfo jaguar. Piedra andesita.). Así como la vasija modelada en cerámica de la épocadel Posclásico Temprano, que se utilizaba como cerámica suntuaria y también se depositó como ofrendas. Se trata de la representación de un guerrero jaguar, el cual porta un yelmo en forma de cabeza de un jaguar (MNA 8 Vasija efigie guerrero jaguar. Cerámica.). Como parte del Instituto Nacional de Antropología e Historia, los siguientes museos exhibirán objetos arqueológicos de gran expresión estilística e iconográfica como el Cocijo zapotecoen cerámica del Museo Nacional de las Culturas del Mund o o la cerámica mayadel clásico (200 – 900 d. C.) del Museo Regional de Chiapas, una de las más llamativas, vistosas y elegantes de toda Mesoamérica, pues las formas de las vasijas y su decoración fueron realizadas con grandetalle, se muestran escenas cotidianas y rituales con un gran realismo, como en este cajete que tiene como elemento principal a un personaje ricamente ataviado y lleva una piela manera de capa que le cubre sue spalda (MRCH 1 Cajete trípode polícromo personaje con piel de jaguar. Cerámica.). El Museo de Templo Mayor, por otro lado, a partir de la colección que ha sido creada como resultado de décadas de excavaciónenen el centro ceremonial mas importante de los mexicas, exhibe 13 objetos, 4 de cerámica y 9 de piedra, entre los que destacan los distintos estilos y materiales en los que se plasmaron a Tlaloc, dios de la lluvia, uno de los dioses tutelares del sitio arqueológico, como podemos observar en el magistral modelado de la olla de perfecta armonía, decorada con varios colores en el exterior de la obra, que representa el rostro del dios Tláloc, la deidad que otorga la lluvia necesaria para regar los campos, es por esta razón que el color azul es el que sobresale de toda la escena plástica (MTM 1 Olla Tláloc. Cerámica.). Los mexicas ofrendaban los corazones de los sacrificados para alimentar a una de sus principales deidades, para ello utilizaban estos recipientes talladosen piedra, generalmente basalto. Llama poderosamente la atención el realismo expresivo delrostro del felinoen la escultura Cuauhxicalli Océlotl delmismo museo (MTM 13 Cuauhxicalli Océlotl. Basalto.).

La figura del jaguar fue uno de los elementos más representativos en el artepictórico de Teotihuacán, son numerosos los ejemplosen los cuales apreciamos al jaguar en escenificaciones rituales o naturalistas. El museo de sitio de la Zona Arqueológica de Teotihuacán exhibe 15 objetos, 5 de cerámica, 5 de piedra y 5 hermosos murales como los jaguares acuáticos y los jaguares reticulados. Sonmuy llamativosestos jaguares vistos de perfil, pues parece que están realizando una procesión, de su cuerpo sobresalen una serie de líneas reticuladas que sustituyen sus manchas características, a manera de una metáfora (ZAT 12 Mural "Jaguar delineado en azul con el rostrode frente". Estuco y pigmentos. Obra No. 45 y ZAT 14 Mural "Jaguares reticulados ". Estucoy pigmentos.).

Así, en el reino animal el jaguarseñorea en la cúspide como el depredador más poderoso. Astuto cazador, lo mismo trepaa los arboles, nada en los ríos ylas lagunas, que corre veloz en los cerros, la fuerza desu cuerpo hace que un zarpazo o mordida no tengan equivalente en los territorios que habita, ante los ojos de los mesoamericanos, está admiraciónse transformó, por medio desusmanos, en bellos objetos.

Bibliografíabásica

De la Fuente, Beatriz, (1977), Los hombres de piedra. Escultura olmeca, UNAM, México.

López Luján,Leonardo, (1994), Las ofrendas del Templo Mayor de Tenochtitlán, INAH, México.

Piña Chan, Román y Covarrubias, Luis, (1964), El pueblo del jaguar. Los olmecasarqueológicos, INAH-Secretaría de Educación Pública- Museo Nacional deAntropología.

Solís, Felipe (ed), (2009), Teotihuacán, Ciudad delos dioses, INAH, México.

(1998), La cultura del maíz, Clío, México.

(1991), Tesoros artísticos del Museo Nacional deAntropología, Aguilar, México.

感受循环往复的生命之力

中国社会科学院考古研究所　李新伟

世界各大原生文明中，中美洲地区文明最具摄人的神秘感。“中美洲地区（Mesoamerica）”是一个文化区的概念，指的是美洲中部适合种植玉米的区域，包括墨西哥中部至东南部、危地马拉、伯利兹和洪都拉斯东部等，是美洲大陆文明孕育和发展的核心地区。

距今近 20000 年，东北亚的狩猎采集人群，走过还是陆桥的白令海峡，进入北美洲，再一路南下，逐渐遍布整个美洲。所以说，创立中美洲地区文明的人群和我们出自共同的祖先。

公元前 8000 至前 2000 年，中美洲地区先民完成“农业革命”，逐渐发展出一系列在当地适应性良好的特色农作物，以玉米为基础，兼有豆类、南瓜等。公元前 1200 年左右，相当于中国商代的殷墟时期，中美洲地区的“母亲文明”——奥尔梅克文明在墨西哥湾沿岸盛装登场，并在公元前 900 年至前 600 年发展至顶峰。

大约公元前 500 年，奥尔梅克文明突然衰落。但中美洲地区的文明发展进程并未中断。在墨西哥的瓦哈卡地区，蒙特阿尔班勃然兴起，形成萨波特克文明。墨西哥盆地经历人口的持续增长，形成特奥蒂瓦坎文明。墨西哥的尤卡坦半岛、危地马拉和洪都拉斯东部，则形成我们熟知的玛雅文明，在公元 300 年至 900 年达到高峰，开创了中美洲地区文明最辉煌的“古典时代”。但公元 9 世纪，整个玛雅世界骤然卷入衰落的洪流，城邦解体，神庙废弃，王宫倾颓，被热带丛林吞噬。

公元 1200 年前后，特奥蒂瓦坎故地墨西哥盆地异军突起。阿兹特克族群中最坚忍不拔的墨西卡人，在沼泽中开挖纵横交错的运河，大约在公元 1325 年，建成湖上之城特诺奇蒂特兰，如同神迹，再征服四方，打造出强大的阿兹特克帝国，中美洲地区文明再次灿然绽放。但正在此时，完成了文艺复兴的西方世界，已经扬起世界殖民的血色风帆。1519年11月8日，西班牙殖民者科尔蒂斯的人马踏上特诺奇蒂特兰的堤道。不到两年，在1521年8月13日，中美洲地区的创世之日，阿兹特克末代君主被擒，美丽的特诺奇蒂特兰被夷为平地。中美洲地区文明传统终结，如被击碎的美玉。

19世纪以来，考古发掘和研究在中美洲地区的广泛开展，才让我们得以重新缀合起湮没在丛林的碎片，呈现美玉未碎时的文明之美，引发我们对人类文明兴衰演变、碰撞融合的思考。墨西哥一直是中美洲地区文明发展的核心，胜迹巍峨，文物琳琅。本次展览，只是万中之一，但也足以让渴望探秘的中国公众管中窥豹，感受万里之外，文明创生和发展的蓬勃之力。

对循环往复的生命力的信仰是中美洲地区文明的核心内涵。这样的生命力万物皆备：玉米有播种、生长、收割和再播种的循环；太阳东升西落，经过冥界的艰辛旅程，再重新升起；时间由13个数字配合20个日名形成的260天循环，365天的接近太阳年的循环，也有以长历法记录的约相当于5200年的大循环。万物有灵，生生不息，人类身在其中，经历生死和重生的循环，体悟万物往复之真谛，与自然和超自然协调沟通，在维持自身生息繁衍的努力中，技术、艺术、宗教、王权应运发展，文明顺势而生。

本次展览的很多展品，都充盈着这样的生命之力。

水是包括人类在内的一切生物的生命之源。自奥尔梅克文明开始，雨神（同时也是风暴之神）就成为敬奉的主神之一，在特奥蒂瓦坎被称作特拉洛克，在玛雅被称作查克。圆柱形图案，在玛雅文明中是水滴的象征，往往缀满象征神山的建筑，表现充沛的水源和繁育之力。暴烈的雷鸣闪电才能激发出雨水，对风暴之神的敬奉，则需要以俘虏为牺牲。所以，风暴之神，也是战神。特奥蒂瓦坎和玛雅武士的仪式盛装，就包括象征风暴之神的环形眼饰。

玉米是延续人类生命的最重要食物，玉米神经历艰险的冥界之旅，浴血重生，完成自己生命力的循环往复，才能带来玉米的丰产。奥尔梅克文明时期，玉米神就已成为最重要的神灵之一。以美玉制作的玉米粒形状的斧形器，经常被深埋在仪式建筑之下，赋予建筑生命的力量。面如美洲豹的玉米神，冠顶常有“V”形缺口，象征大地的丰饶裂隙，是玉米幼芽破土而出、茁壮生长的宝地。

美洲豹雄踞美洲动物界食物链的顶端，不仅称霸陆地，还能入水擒鳄。如此的威猛矫健，自然成为生命力最强大的象征之一，成为重要神灵和人间王者的动物化身。除了与玉米神相关外，美洲豹还是夜晚太阳神的形象。黑色的斑纹代表着暗夜和冥界的力量，善泳的技能，保证太阳沉入冥界之水后，能顺利升起，完成自己的生命循环。国王也以美洲豹为自己的“灵伴”：美洲豹裙、美洲豹冠和头饰，是王者威仪的常用标志；人向美洲豹的转化，也成为重要的宗教艺术主题，清晰反映出万物有灵，人、动物和神灵互通的“萨满式”宗教的特征。

感受着展品中蕴含的万物相同的生命之力，我们自然会联想到“天人合一”的中华文明的特质。中美洲地区文明和中华文明的相似性，一直是学界和公众关注的热点。现在看来，这些相似性，主要是因为我们有共同的祖先。中美洲地区先民基本在孤悬海外的情境下，独立完成了自己的文明发展，在世界文明百花园中灿然独放，别具异彩。

但中美洲地区文明成果的展示和研究，对探究中华文明的起源和早期发展仍然具有重要意义。著名考古学家张光直先生指出，经过巫术进行天地人神的沟通是中国古代文明的重要特征，中华文明从野蛮时代进入文明时代过程中主要的变化，是人与人之间关系的变化，并未发生人与自然关系的割裂，保持着“天人合一”的“连续性”。中美洲地区文明走过了同样的“连续性”发展道路。而以两河流域的苏美尔文明为源头的西方文明，则主要以技术手段突破自然的束缚，开辟了“破裂性”的文明形成和发展道路。因此，“中国的形态很可能是全世界向文明转进的主要形态，而西方的形态实在是个例外，因此社会科学里面自西方经验而来的一般法则不能有普遍的应用性”。

本展览的精彩文物，有助于我们打开视野，以世界文明的视角，认知中华文明的特质和地位；以中华文明的视角，观察世界文明之发展，丰富文明发展理论。

SENTIRLA VITALIDAD CÍCLICA

Dr. Li Xinwei, Instituto de Arqueología, Academia China de Ciencias Sociales

Entre todas las civilizaciones originarias del mundo, las civilizaciones mesoamericanas son las más misteriosas y fascinantes. Mesoamérica es un concepto de área cultural que se refiere a las zonas adecuadas para el cultivo del maíz en América Central, incluida la mitad sur del actual México, Guatemala, Belice y el oeste de Honduras, entre otras, que son las áreas principales para el nacimiento y el desarrollo de las civilizaciones del continente americano.

Hace aproximadamente 20, 000 años, grupos de cazadores y recolectores del noreste de Asia llegaron a América del Norte a través del puente de Beringia. Luego, continuaron hacia el sur y se dispersaron gradualmente por todo el continente americano. Por lo tanto, se puede decir que los pobladores que establecieron las culturas mesoamericanas y los chinos nosotros venimos de ancestros comunes.

Entre los años 8000 a.C. y 2000 a.C., los primeros habitantes de Mesoamérica llevaron a cabo la "Revolución Agrícola" y desarrollaron una serie de cultivos adaptados a la región, con el maíz como base y complementados con frijoles, calabazas y otros cultivos. Alrededor del año 1200 a.C., durante el período de la dinastía Shang en China, nació la cultura olmeca en la costa del Golfo de México, considerada como la "Cultura Madre" y alcanzó su apogeo entre los años 900 a.C. y 600 a.C.

Alrededor del año 500 a.C., la cultura olmeca experimentó un declive repentino. Sin embargo, el proceso de desarrollo cultural en la regiónde Mesoamérica no se detuvo. En la región de Oaxaca, surgió la cultura zapoteca en Monte Albán. En la cuenca de México, se produjo uncrecimiento continuo de la población y se desarrolló la cultura teotihuacana. En la península de Yucatán, Guatemala y el oeste de Honduras, se formó la conocida cultura maya, que alcanzó suapogeo entre los años 300 y 900 d.C., marcando el inicio del Período Clásico, que fue la épocamás brillante en la historia de las culturas mesoamericanas. Sin embargo, en el siglo IX, se produjo un colapso en la civilización maya, lo que originó una rápida de spoblación de las ciudades, y el abandonode templos y palacios reales. Finalmente, la cultura maya desapareció en la selva tropical.

Alrededor del año 1200, en el Valle de México, la antigua ciudad de Teotihuacán,surgió un poder inesperado. Los mexicas, el grupo más valiente de los aztecas, excavaron una red de canales artificiales en los pantanos. En torno al año 1325, fundaron la ciudad de Tenochtitlán sobre el lago Texcoco. Desde entonces, a través de una serie de conquistas, se estableció el poderoso Imperio Azteca, otorgando nuevo esplendor a las culturas mesoamericanas. Sin embargo, en ese momento, el mundo occidental, que ya había experimentado el Renacimiento, había desplegado las velas del colonialismo mundial. El 8 de noviembrede 1519, un grupo de conquistadores españoles, dirigido por Hernán Cortés,pisó la calzada de la ciudad de Tenochtitlán. En menos de dosaños, el 13 de agosto de 1521, en un día que marcaría el nacimiento de una nueva era en Mesoamérica, el último emperador de los aztecas fue tomado prisionero. La caídade Tenochtitlán fue un momento decisivo en el colapso dramático del imperio azteca que dominaba Mesoamérica. A partir de entonces, el desarrollo de las civilizaciones mesoamericanas llegó a su fin, como una joya de jade destrozada.

Desde el siglo XIX, se han desarrollado ampliamente los trabajos de excavación y estudios arqueológicos en la región mesoamericana, lo quenos ha permitido reconstruir los fragmentos perdidos en la selva y revelar la belleza de las culturas antes de su fragmentación. Esto ha generado reflexiones sobre la evolución, colisión y fusión de las civilizaciones humanas. México ha sido siempre el corazón del desarrollo de las civilizaciones en Mesoamérica, con imponentes monumentos y valiosos bienes culturales. La exposición Jaguar, Tótem de Mesoamérica, aunque sea solo una entre muchas, brinda la oportunidad al público chino ansioso de explorar y conocer la vitalidad del surgimiento y desarrollo de las civilizaciones mesoamericanas a miles de kilómetros de distancia.

La creencia en la vitalidad cíclica es el núcleo de las civilizaciones en la región mesoamericana. Dicha vitalidad se encuentra en todas partes, como en el ciclo del cultivo del maíz, que incluye la siembra, el crecimiento, la cosecha y la nueva siembra. También se reeja en el ciclo diario del sol, que se levanta en el este, se pone en el oeste y, después de un arduo viaje por el inframundo, vuelve a aparecer. En términos de tiempo, presenta un ciclode 260 días compuesto por la combinacióndе 13 números y 20 nombres de días, así como un ciclo cercano a los 365 días que se aproxima al año solar. Además, existe un gran ciclo a largo plazo que equivale aproximadamente a 5, 200 años. De acuerdo con el animismo, los seres humanos experimentan el ciclo de vida, muerte y renacimiento, comprendiendo así la esencia verdaderadela vida. Mediante la armoníay la comunicación con la naturaleza y lo sobrenatural, y en sus esfuerzos por mantener su propia existencia y procreación, se desarrollan la tecnología, el arte, la religión y el poder real. Así, las civilizaciones orecen.

Una gran cantidad de la hermosa coleccíon que presenta la exposición Jaguar, Tótem de Mesoamérica está llena de dicha vitalidad.

El agua es la fuente de vida para todos los seres vivos, incluidos los seres humanos. Desde la cultura olmeca, el dios de las lluvias, las tempestades y los relámpagos se convirtió en una de las divinidades principales y veneradas, conocido como Tláloc en Teotihuacán o como Chaac entre los mayas. En la cultura maya, el motivo en forma de cuentas redondas es el símbolo de las gotas de agua. Este adorno se encuentracon frecuencia en los edicios que representan las montañas sagradas, simbolizando la abundancia de agua y la fertilidad. Solo los truenos y los relámpagos violentos tienen la capacidad de provocar lluvias, por lo cual, para complacer al dios de la tormenta, se realizaban sacrificios humanos. Por tanto, el dios de la tormenta también es considerado un dios de la guerra. Tanto en Teotihuacán como entre los guerreros mayas, se portaban atuendos ceremoniales que incluíansu característica antcojera, elementodistintivo del dios Tláloc, patrono delalluvia.

El maíz es el alimento más importante que sustenta la vida humana. El dios del maíz debe emprender un peligroso viaje por el inframundo, renaceen medio de la sangre y completa su ciclo vital para brindar una cosecha abundante de maíz. En la cultura olmeca, el dios del maíz es considerado uno de los dioses más importantes. Las hachas en forma de granos demaíz, hechas de jade hermoso, se enterraban frecuentemente debajo de las construcciones rituales, dotándolas dela fuerza vital. Además, en las representaciones del dios del maíz con rasgos de jaguar, en su tocadose oberva una hendidura en formade V, que seasocia al lugar donde brota y crece el maíz, así como a la tierra de la abundancia y fertilidad.

En América, el jaguar se encuentra en la cima de la cadena alimentaria de los ecosistemas que habita. No solo es el señor de la tierra, sino que también es excelente nadador y utiliza su capacidad acuática para capturar peces, tortugas e incluso caimanes. Con su fuerza y agilidad, el jaguar se convierte indiscutiblemente en un símbolo devida y fertilidad, representando a deidades importantes y los reyes terrenales. Además deestar asociado con el dios del maíz, el jaguar también está vinculado con el Sol Nocturno. Las manchas negras representan el poder de la oscuridad y del inframundo, así como su habilidad para nadar, asegurando el exitosorenacimiento del sol después de sumergirse en las aguas del inframundo y completar su ciclo vital. Con frecuencia, el jaguar desempeña el papel de "compañero espiritual " de los reyes, y el uso de faldas, coronas y adornos inspirados en el jaguar son símbolos comunes de la autoridad real. La transformación del ser humanoen jaguar también se convierte en un tema importante en el arte religioso, re ejando claramente el concepto del animismo y lascaracterísticas del chamanismo, en el cual sereconoce la comunicación mutua entre humanos, animalesydeidades.

La fuerza vital representada en las obras nos inspira la losofía tradicional china de armonía entre el cielo, la tierra y el ser humano. Las similitudes entre las civilizaciones de Mesoamérica y China hansido un tema de interés tanto en la academia como entre el público. En la actualidad, se cree que estas similitudes sedeben principalmentea los ancestros comunes. Los primeros pobladores en la región de Mesoamérica desarrollaron sus propias civilizaciones de manera independiente. A partirde ello, las civilizaciones mesoamericanas brillan de manera única y destacada en todo el mundo, mostrando un esplendor excepcional.

Por otro lado, la investigación y presentación de los logros de las civilizaciones mesoamericanas todavía tienen un significado importante para explorar los orígenes y las etapas tempranas de la civilización china. Según el destacado arqueólogo chino Chang Kwang-Chih, la comunicación entre el cielo, la tierra, el ser humano y los dioses a través del Wuismo (una tradiciónreligiosa chamánica de China) esuna de las características importantes de la antigua civilización china. Durante la transición de la sociedad primitivaa la sociedad civilizada, el principal cambio en la civilización china se produjoen las relaciones entre las personas. Sin romper la relación entre el ser humano y la naturaleza, semantuvo la "continuidad" del conceptode "habitar la naturaleza en armonía con el universo". Las civilizaciones en la región mesoamericana también han seguido un camino de desarrollo con la misma "continuidad". Por otro lado, la civilización occidental, con la civilización sumeria en la regiónde los ríos Tigris y Éufrates como su origen, rompió principalmente las limitaciones de la naturaleza a través de medios tecnológicos, abriendo un camino de formación y desarrollo de la civilizaciónmás Por lo tanto, "la forma china es muy probablemente la forma principal en la que el mundo avanza hacia la civilización, mientras que la forma occidental esuna excepción. Por lo tanto, en el campo de las ciencias sociales, las leyes generales derivadas de la experiencia occidental no pueden tener unaaplicabilidad universal".

A través de las piezas preciosas, la exposición nos invita a ampliar nuestros horizontes, ynos permite comprender las características y el estatus de la civilización china desde una perspectiva mundial. Desde la ópticade la civilización china, podemos observar el desarrollo de las civilizaciones mundiales y enriquecer las teorías del desarrollo de las civilizaciones.

（翻译、校对：万翔）

结 语
Conclusión

在时间的长河里漂流

我们的心随着美洲豹的脚步腾跃 徜徉

古老的土地上 星辰下的祈祷

在丛林深处 神秘的力量悄悄回响

树影与星辉蜜语 万物与心相连

千年的智慧 如同金字塔与神像的光芒

在这片土地上 每一息生命都是神圣的诗篇

让我们一同守护 共此时空 传承这份梦想

致 谢
RECONO CIMIENTO

在多方的协助与支持下，本次展览顺利举办，在此深表谢意。

Deseamos expresar nuestro sincero agradecimiento a los siguientes prestadores y a todos aquellos que nos brindaron su apoyo y cooperación para la realización de esta exposición.

SECRETARÍA DE CULTURA
Alejandra Frausto Guerrero, Secretaria

INSTITUTO NACIONAL DE ANTROPOLOGÍA E HISTORIA
Diego Prieto Hernández, Director General
Pedro Velázquez Beltrán, Secretario Administrativo
José Luis Perea González, Secretario Técnico
María del Perpetuo Socorro Villarreal Escárrega, Coordinadora Nacional de Asuntos Jurídicos
Juan Manuel Garibay López, Coordinador Nacional de Museosy Exposiciones
Alejandra Barajas Moreno, Directora de Exposiciones
Itzia Naidee Villicaña Gerónimo, Subdirectora de Exposiciones Internacionales

DIRECTORES DE MUSEOS PRESTATARIOS:
Museo Nacional de Antropología. Antonio Saborit.
Museo del Templo Mayor. Patricia Ledesma Bouchan.
Museo Nacional de las Culturas del Mundo. Alejandra Gómez Colorado.
Zona Arqueológica de Teotihuacán. Luis Rogelio Rivero Chong.
Museo Regional de Chiapas. Andrés Brizuela Casimir.
Museo Guillermo Spratling. Wendy Verónica Morales Quaas.
Museo Regional de Antropología Carlos Pellicer Cámara. Silvestre Revueltas Rodríguez.
Museo de Antropología de Xalapa. Alfredo Delgado Calderón.
Museo Amparo. Ramiro Martínez Estrada.

CURADORES
Alejandro González Villarruel
Natalia Gabayet González
José Luis Rojas Martínez

CON EL ACOMPAÑAMIENTO DE
LA EMBAJADA DE MÉXICO EN LA REPUBLICA POPULAR DE CHINA
Embajador Jesús Seade Kuri

图书在版编目（CIP）数据

寻踪美洲豹：墨西哥古代文明/ 成都博物馆，墨西哥国家人类学与历史研究所，北京坤远文博展览有限公司编著.
—长沙：岳麓书社，2024.5
ISBN 978-7-5538-2061-3

Ⅰ. ①寻… Ⅱ. ①成… ②墨… ③北… Ⅲ. ①文化史－墨西哥－古代 Ⅳ. ①K731.02

中国国家版本馆CIP数据核字(2024)第087910号

寻踪美洲豹：墨西哥古代文明
XUNZONG MEIZHOU BAO: MOXIGE GUDAI WENMING

编　　著：成都博物馆、墨西哥国家人类学与历史研究所、北京坤远文博展览有限公司
出 版 人：崔　灿
项目统筹：王文西
责任编辑：邱建明　鲁云云　包文放
责任校对：舒　舍
封面设计：帧艺坊文化 · 谢俊平

出版发行：岳麓书社
地　　址：湖南省长沙市爱民路47号
直销电话: 0731-88804152　0731-88885616
邮　　编: 410006

版　　次：2024年5月第1版
印　　次：2024年5月第1次印刷
开　　本：787 mm × 1092 mm　1/16
印　　张：13
字　　数：100千字
书　　号：ISBN 978-7-5538-2061-3
定　　价：188.00元
承　　印：湖南天闻新华印务有限公司
电　　话：0731-88884129（如有印装质量问题，请与本社印务部联系）